Anne Christine Rausch

RAUSCH INHALT

Rausch Vorwort 9	**Porträt** Rudi Raschke 38	**Rausch** Grundrezepte 94
Porträt Anne Rausch 12	**Porträt** Energiedienst 54	
Porträt Bäckerei Pfeifle 24	**Porträt** Dürr & Mager 72	

Suppe ist Kultur 18

Grünkernsuppe mit Markklößchen 20
Kalte Gemüsesuppe mit Knoblauchbrot 21
Rinderbrühe Asian Style mit Rindfleisch und Koriander 22
Sauerkraut-Kokosnuss-Suppe 23

Gutes Frühstück – guter Start 30

Aprikosenkonfitüre mit Kakaonibs 32
Bächlewasser – Freiburger Original 32
Avocadobrot mit Verlorenem Ei 33
Mein Birchermüesli 33
Reis-Congee mit marinierten Beeren 34
Ziegenjoghurt mit Blaubeeren 34
Erdbeer-Rhabarber-Smoothie 36
Feigenblattgelee mit Apfel 37
Erdbeer-Rhabarber-Konfitüre 37

Liebe geht durch die Erinnerung 42

Käsekuchen – Lebende Legende 44
Linzer Torte – Das Familienrezept 45
Michis Rosinenbrötchen 45
Schwarzwälder Kirsch „to go" 46
Tarte aus dem Erdbeerland 47

Weihnachtsgebäck nach Familienrezepten 48

Vanillekipferl 50
Hildaplätzchen 50
Husarenkappen 51
Anisplätzchen 51
Linzer Plätzchen 52
Kokosnussbiskuit 52
Nougatplätzchen 53
Schokoladentrüffel 53

Impressum

Herausgeber:	Anne und Oliver Rausch GbR, Schallstadt-Mengen	**ISBN:**	978-3-00-057937-0
Rezepte:	Anne und Oliver Rausch	**Vertrieb:**	Anne und Oliver Rausch GbR, Schallstadt-Mengen
Fotografie:	Attila Jozsef, Emmendingen	**Kontakte:**	Oliver Rausch, ollir@gmx.net
Porträttexte:	Rudi Raschke, Freiburg im Breisgau		Anne Rausch, kontakt@rausch-familienwerkstatt.de
Layout:	Jungbluth Digital + Print, Freiburg im Breisgau		Attila Jozsef, info@attilajozsef.com
Druck:	Bucherer + End GmbH, Kappel-Grafenhausen		Rudi Raschke, rudiraschke@yahoo.de
Bindung:	Josef Spinner Großbuchbinderei GmbH, Ottersweier		Christian Jungbluth, mail@jungbluth-online.de

RAUSCH INHALT

Kinder an die Macht 60

Flammkuchen geht immer 62
Gemüse-Fritten mit Sauerrahm-Mayo 63
und Erdbeer-Tomaten-Ketchup
Orangenlimonade 63
Mach ma' Currywurst 64
Pizza „Italienische Liebe" 65

Die Zeit rennt – Schnelle Küche für daheim 66

Bratlinge mit Karottensalat 68
und Sauerrahm-Mayonnaise
Gemüsesoße „Ragù" mit Ofenkartoffeln 69
Ingwer-Gurkenwasser 69
Ofenlachs mit Zitronen-Kresse-Butter 70
und Spaghetti
Ratatouille mit geröstetem Brot 71
Kleiner Salat mit Vinaigrette 71

Und täglich grüßt das Hühnertier 78

Huhn mit Schmorgemüse aus dem Ofen 80
Kimchi 81
Chicken-Sandwich 81
Hühnerbrühe Ramen Style 82
Hühnergeschnetzeltes mit Pfifferlingen 83
und Spargel

Rund ums Brot 84

Eigene Pickles 86
Chilibutter 86
Gewürzsalze 87
Grünkern-Bohnen-Aufstrich 88
Linsenaufstrich 88
Käseauswahl von den Jumis 89
und dem Ringlihof
Kräuterbutter 90
Salzhöhlen-Coppa und Rindfleisch 91
Schwarzwald-Salami 91

Rausch – Das Kochbuch November 2017

Dieses Buch und alle damit verbundenen Inhalte sind urheberrechtlich geschützt. Jegliche Verwendung, die nicht der Eigennutzung entspricht, ist ohne schriftliche Erlaubnis des Verlags beziehungsweise der Autoren nicht erlaubt. Dies gilt auch für die Vervielfältigung, Übersetzung, Digitalisierung und Veröffentlichung im Internet oder anderen medialen Kanälen. Alle in diesem Buch aufgeführten Rezepte und Texte wurden von den Autoren und Rudi Raschke nach bestem Wissen erstellt. Aufgrund des Produkthaftungsrechts müssen wir darauf hinweisen, dass inhaltliche Fehler nicht auszuschließen sind. Deshalb erfolgen die Angaben in diesem Buch ohne jegliche Verpflichtungen oder Garantien durch die Autoren beziehungsweise des Verlags. Alle am Buch beteiligten Parteien übernehmen daher keinerlei Verantwortung und Haftung für eventuelle inhaltliche Unstimmigkeiten.

Erinnerungen schaffen:
Düfte und Geschmäcker

Geborgenheit schaffen:
Erlebnisse und Heimat

RAUSCH VORWORT

Heimat trägt man im Herzen, Heimat ist Erinnerung, Geruch, Geschmack, Gefühl. Heimat ist das, was wir zu Hause erfahren

„Als Ernährungsberaterin für Kinder und Familien liegen mir die Themen Familientradition, Esskultur, Entschleunigung, Kommunikation am Tisch sowie gesundheitliche Prävention besonders am Herzen. Essen ist wesentlich mehr als nur Nahrungsaufnahme.

Es bedeutet vielmehr, gemeinsam am Tisch zu sitzen, Gespräche zu führen, auf Augenhöhe zu sein, sein Gegenüber wahrzunehmen … In unserer schnelllebigen Zeit sind diese tollen und wertvollen Dinge längst nicht mehr selbstverständlich.

Zudem ist das gemeinsame Essen am Tisch auch sehr wichtig für unsere Gesundheit. Es bedeutet Pause von einem oft stressigen und anstrengenden Tagesabschnitt, aber auch Achtsamkeit für sich und seine Lieben. Dies war mir von Beginn an ein großes Anliegen.

Selbstgebasteltes Insektenhaus

Als die Idee dieses Buches geboren wurde, war sofort klar, dass es die Aufgabe meines Mannes Oliver und mir sein wird, beide Seiten unserer Arbeit darin zu verbinden. Zum einen das Kochen in der Gourmet-Gastronomie und zum anderen die Arbeit in unserer Küche zuhause und in der Familienwerkstatt. Auf den ersten Blick scheinen diese Dinge meilenweit voneinander entfernt zu sein. Sind sie aber nicht. Ganz viele Produkte finden sich in der Küche von Oliver und seinem Kollegen Christian Koch, in meinen Kursen sowie auf unserem Esstisch zu Hause. Der Gedanke dahinter ist bei Oliver und mir derselbe. Es geht um Nachhaltigkeit, um Tradition, um das Wissen der Großeltern und somit um Erinnerung.

Es geht um die bewusste Entscheidung für gutes Essen. Was kann es schon Schöneres geben als eine mit Leben gefüllte Tafel? So wurde also aus einer fixen Idee eines Freundes ein riesiges Projekt für unsere Familie. Das passiert, wenn man immer bereit ist weiterzugehen und nie stehen bleibt. Ein großes Glück und eine unglaubliche Hilfe waren natürlich Attila Jozsef und Rudi Raschke und nicht zuletzt das Layout-Team um Christian Jungbluth. Allesamt Profis auf ihrem Gebiet. Nicht zu vergessen ist die unglaubliche Geduld und das Verständnis unserer Kinder, die dieses Jahr des Öfteren auf Spieleabende und Ähnliches verzichten mussten.

Wie in diesem Buch ist es auch in unserer Familie so, dass der eine hinter dem anderen steht. Ohne die zweite Hälfte ist das Ganze eben nicht komplett. So muss ich hier einfach erwähnen, dass ich unheimlich dankbar bin um meinen Mann. Ich danke ihm für seine grenzenlose Geduld und seine unerschütterliche Ruhe, ohne die ich schon manches Mal explodiert wäre, für seine Kreativität und seine Liebe zu mir und unseren Kindern. Danke, dass es dich gibt …

Mit diesem Buch und den darin enthaltenen Rezeptideen möchte ich bei den Lesern die Lust zum Kochen und Essen wecken. Und die Angst und Scheu vor der Arbeit dahinter nehmen. Lassen Sie sich motivieren und inspirieren und haben Sie Spaß beim Lesen und Kochen."

Anne Rausch

Anne Rausch

Die studierte Ernährungsberaterin gründete 2014 die *Familienwerkstatt*.

Als ausgebildete Hotelfachfrau arbeitete sie von 2002 bis 2007 in den Häusern *Deidesheimer Hof, Schwarz – das Restaurant,* dem *Goldenen Käfer* und der *Villa Hammerschmiede* als „Chef de Rang", von 2008 bis heute ist sie für das *Schloss Reinach* tätig.

Sie ist 1982 im pfälzischen Landstuhl geboren, verheiratet mit Oliver Rausch und hat zwei Kinder.

BEI DER ARBEIT ANNE RAUSCH

In der Ruhe liegt Geschmack

Beim gemeinsamen Kochen mit Kindern und Familien
vermittelt Anne Rausch weit mehr als nur Rezeptideen – es geht auch
um die Kultur eines funktionierenden Miteinanders

Ein gemeinsames Kochen für Kinder im Vorschulalter stellen sich die meisten Menschen vermutlich als lautes Erlebnis vor, bei dem ein bissel gerührt, gematscht und anschließend gefuttert wird. So ein lustiges Durcheinander halt. Anne Rausch geht es um etwas mehr, wenn sie an einem herbstlichen Freitagnachmittag im Munzinger St.-Erentrudis-Kindergarten zu Tisch bittet.

Vieles, was sie vermittelt, ist elementar und dennoch in vielen Familien abhanden gekommen: das Gemeinsame, die Kommunikation, aber auch die Kenntnis einfacher Zutaten und was man damit Feines anstellen kann.

Es braucht einfach mehr Voraussetzungen, damit Kinder bei Tisch allesamt „lecker!" rufen.

Es sind sechs Mädchen und drei Jungs, die an diesem Tag in der Küche des Kindergartens für die Zubereitung einer Kürbissuppe zusammengekommen sind. Sie lernen ein Rezept kennen, bei dem sie Knoblauch und Zwiebeln schneiden, den Kürbis pürieren, mit Tomatenmark, Brühe, Sahne, Essig und Öl abschmecken. Begleitet von vielen Fragen: „Ist das Ketchup?", fragt ein Junge, als er die Tube mit der Tomate darauf sieht. Wie wird das Alu der Marktube mit Hilfe des Deckels geöffnet? Alles Dinge, die für die traditionell aufgestellte Familie oder einen Hobbykoch selbstverständlich sind, für viele

Genuss: Lesezeit ist kostbare Zeit

Menschen heutzutage aber nicht mehr. An diesem Nachmittag bekommen die Kinder ein wenig mehr mit: dass es ein Umfeld ohne Hektik braucht, in dem sich gemeinsam eine Mahlzeit einnehmen lässt. Dass es ein Wissen um die Erzeugnisse der Region und ihre Jahreszeit benötigt. Dass der Aufwand für die Zubereitung und das gemeinsame Essen einen großen Mehrwert schaffen gegenüber einer Tütensuppe, die vor laufendem Fernseher gelöffelt wird. Dass Gesundes gut schmecken kann.

Es ist auch ein Kurs in Geduld, die Kinder naturgemäß nicht immer mitbringen. Die Zeit, in der die Suppe köchelt, nutzen alle zusammen fürs Basteln von Namensschildern, die die Kinder zusammen mit einem Glas der selbst zubereiteten Kürbissuppe mit nach Hause nehmen dürfen. Wenn auch diese Suppe leer ist, wird später vielleicht ein praktisches Teelicht aus dem Glas.

Derlei künstlerische Ideen bereiten Spaß. Es sind aber auch „einfache" Tätigkeiten zu verrichten, ehe die neun Kinder das Ergebnis probieren können: Nicht nur die Suppe wirkt wärmend, auch das Miteinander des liebevoll gedeckten Tisches ist es. Alle haben gewartet, bis jeder seinen Teller geschnappt und Platz genommen hat,

das gemeinsame Lied von den Fröschen, die zu Tisch schwimmen, wird angestimmt, dann kann die Mahlzeit genossen werden. Es ist das Gegenteil von Fast Food, in jeder Hinsicht. „Selbstgemachtes schmeckt am Besten", sagt ein Mädchen. Die Weisheit manches aufgeregten Fernsehkochs hat, wenn überhaupt, hier ihre Berechtigung: Schmeckt nicht, gibts nicht.

Beim Schnippeln und Kochen der Hauptzutat leistet Anne praktische Erklärarbeit: „Wer hat so was schon mal gesehen?" – „Wisst ihr, wo das herkommt?" – „In welcher Jahreszeit ernten wir Kürbis?" Fünf- bis Sechsjährige wissen auch nicht alles, aber Anne vermittelt gern. In anderen Kursen auch, wie man Gemüse schmackhaft mit Kräuterquark zubereitet oder selbst gefertigte Reibekuchen mit Apfelmus macht. Und nicht zuletzt das Essen mit Messer, Gabel und Löffel.

Die Kochkurse waren eine der Ausgangsideen für ihre *Familienwerkstatt*, die im Herbst 2017 ihre ersten mobilen Einsätze mit einem eigens hergerichteten Fahrzeug, der „Movin' Kitchen", bekam. Kein Food-Truck im eigentlichen Sinn, weil es nicht um das Event geht, wie Anne sagt. Wo die modernen Truck-Imbisswagen inzwischen

BEI DER ARBEIT ANNE RAUSCH

den Charakter von hüpfburgartiger Massenbelustigung liefern, geht es bei Annes *Familienwerkstatt* eher um Dinge wie einen Bildungsauftrag. Das Thema liegt im Trend, wird aber weitaus seltener angeboten, als dies vielerorts zu lesen ist: Es geht um Entschleunigung, vor allem beim Essen. Mit Hilfe von Kniffen aus der Restaurantwelt lassen sich Eltern die Grundlagen der Ernährung vermitteln, dazu gehören Einkauf, Zubereitung und Vorräte. Mit Kursen in der *Movin' Kitchen* kann dies auch an Orten angeboten werden, wo Gemeindesäle, Grundschulen oder Kindergärten nicht alles an Töpfen und Herden bereithalten, was ein Gemeinschaftserlebnis beim Kochen erleichtert. Zur spielerischen Idee dahinter gehört auch, dass Firmen ihren Mitarbeitern (oder künftigen Mitarbeitern) etwas Gutes tun wollen und die Werkstatt zu sich kommen lassen. Und sich damit für Familien und deren vernünftige Ernährung sichtbar einsetzen. Handy und Fernseher aus beim Essen, ein gemeinsames Essen, kein Zeitdruck: Für Anne ist dies die Grundlage in einem funktionierenden Miteinander, für ein In-Beziehung-Bleiben, wie sie sagt.

Im Kindergarten St. Erentrudis sind die Töpfe jetzt leer und gespült, die Kinder haben einen Teller Suppe im Bauch und einen im Glas für zuhause. Zum Schluss gibt es noch ein Schmankerl, eines, das ein gemütliches Essen vielleicht schöner abrundet als ein überzuckertes Dessert: Vorlesen. „Die kleine Hexe" von Otfried Preußler passt wirklich hervorragend zu einer herbstlichen Kürbissuppe.

Suppenköche in der Suppenküche: neun satte und fröhliche Kinder

SUPPE IST KULTUR

SUPPE IST KULTUR

Grünkernsuppe mit Markklößchen

Grünkernsuppe
30 g Zwiebeln
100 g Karotten
1 TL Sonnenblumenöl
125 g Grünkerne, geschrotet
30 g Lauch
2 l Gemüsebrühe
Steinsalz
Pfeffer
20 g Sahne

Markklößchen
40 g Rindermark
½ Brötchen, altbacken
50 g Semmelbrösel
1 Ei
Steinsalz
Pfeffer
Muskat

Zunächst Zwiebeln und Karotten schälen und in kleine Würfel schneiden. Danach das Öl in einem großen Topf erhitzen und die Grünkerne mit den Zwiebeln und dem Lauch darin andünsten. Karotten dazugeben und mit Brühe aufgießen. Alles ca. 30 Minuten köcheln lassen und mit Salz und Pfeffer abschmecken. Zuletzt die Sahne zugeben und alles gut pürieren. Die Suppe sollte nicht durch ein Sieb passiert werden, um den Charakter des Grünkerns zu erhalten. Diese Suppe ist fantastisch für kalte und regnerische Wintertage. Serviert mit Markklößchen und Gemüse oder mit knackigen Croûtons bzw. Backerbsen wärmt sie kalte Glieder.

Zunächst das Brötchen in kaltem Wasser einweichen. In der Zwischenzeit das Rindermark in einer kleinen Pfanne auslassen, durch ein feines Sieb streichen und etwas abkühlen lassen. Danach das eingeweichte Brötchen gut ausdrücken und zum ausgelassenen Mark, den Semmelbröseln und dem Ei geben. Nun die Gewürze hinzugeben, gut vermischen und 15 Minuten ruhen lassen. Die Masse sollte so fest sein, dass sie beim Klößchenformen nicht mehr an der Hand klebt. Ansonsten können Semmelbrösel dazugegeben werden. Die Klößchen sollten einen Durchmesser von etwa 1,5 cm haben. Sie werden direkt in der Suppe oder in extra Gemüsebrühe gegart.

RAUSCH SUPPEN

Kalte Gemüsesuppe mit Knoblauchbrot

Kalte Gemüsesuppe
500 g reife Ochsenherztomaten
150 g gelbe Paprika, entkernt
150 g rote Paprika, entkernt
250 g Salatgurke
2 Knoblauchzehen
750 ml passierte Tomaten
250 ml Gemüsebrühe, kalt
75 ml Olivenöl
50 ml weißer Balsamessig
Steinsalz
Pfeffer
Chilipulver

Einen kleinen Teil der Ochsenherzen, der Paprika und der Gurke als Einlage für die Suppe in feine Würfel schneiden. Die restlichen Zutaten grob zerkleinern und mit dem Mixer fein pürieren. Schließlich durch ein Spitzsieb passieren und kaltstellen. Die Suppe in einem gekühlten Teller servieren. Ein Traum an heißen Sommertagen.

Knoblauchbrot
40 ml Olivenöl
2 Knoblauchzehen
4 Rosmarinzweige
4 Scheiben Oberlindenbrot
Steinsalz oder Gewürzsalz

Olivenöl mit Knoblauch und Rosmarin erhitzen und die Brotscheiben darin goldbraun rösten. Anschließend zum Abtropfen auf ein Küchenkrepp geben und mit Steinsalz oder einem Gewürzsalz (siehe Grundrezepte) würzen. Das Knoblauchbrot wird zur Gemüsesuppe gereicht.

SUPPE IST KULTUR

Rinderbrühe Asian Style mit Rindfleisch und Koriander

Rinderbrühe
1 kg Rinderknochen
30 ml Rapsöl
100 g Zwiebeln
50 g Karotten
50 g Knollensellerie
80 g Ingwer
2 Stangen Zitronengras
20 g getrocknete Shiitakepilze
2 Knoblauchzehen
200 ml Sake
3 l Wasser
200 ml salzarme Sojasoße
Koriander
Steinsalz
Chili

Knochen im Ofen bei 180 °C goldbraun rösten. Danach das ausgetretene Fett abnehmen. Gemüse in wenig Öl leicht rösten und mit Sake ablöschen. Dabei den Wein verkochen lassen und die Kräuter sowie das Wasser und die Sojasoße zugeben. Das Ganze bei schwacher Hitze für ca. drei Stunden simmern lassen. Den Fond nach der Kochzeit durch ein feines Tuch passieren und gegebenenfalls noch reduzieren. Nach Gusto mit Chili und Steinsalz würzen.

Rindfleisch
120 g Rinderfiletspitzen
10 ml Sesamöl
Steinsalz
Koriander, gehackt

Die Rinderfiletspitzen mit den restlichen Zutaten marinieren und in feine Scheiben schneiden.

Ingwer und Koriander
60 g eingelegter Ingwer in Streifen
     (Grundrezept Oliver Rausch)
40 g Korianderblätter, gezupft
80 g Frühlingszwiebeln
Sojasoße

Rindfleisch zusammen mit Ingwer, Frühlingszwiebeln und Koriander in einen warmen Teller geben. Nun am Tisch mit heißer Rinderbrühe übergießen. Wer möchte, kann noch Reisnudeln oder Ramen-Nudeln als Einlage verwenden. Dies ist meine Version des vietnamesischen Phör, was dort die wohl beliebteste Art ist, eine kräftige Brühe zu genießen.

Sauerkraut-Kokosnuss-Suppe

Suppe
50 g Schalotten in Würfeln
1 Knoblauchzehe
20 g Ingwer
30 g Kokosflocken
10 ml Erdnussöl
10 g Sauerkraut
50 g Einkornbrot
50 g Kartoffeln
100 ml Tomatenpüree
1 l Gemüsebrühe
200 ml Kokosmilch
1 TL gelbe Curry-Paste
Steinsalz
Speisestärke

Einlage
100 g Kartoffeln in Würfeln
50 g Einkornbrot in Würfeln
50 g Sellerie in Würfeln
100 g Sauerkraut, gehackt

Schalotten zusammen mit Knoblauch, Ingwer und Kokosflocken in Erdnussöl anrösten bis die Flocken goldbraun sind. Nun die restlichen Zutaten zugeben und bei niedriger Hitze weichkochen. Die Suppe mit dem Mixer pürieren und danach durch ein Sieb passieren. Am Ende eventuell mit Speisestärke binden und abschmecken. Die Gemüsewürfel in Salzwasser blanchieren und mit dem gehackten Sauerkraut sowie dem gerösteten Brot in die fertige Suppe geben. Eine perfekte Suppe für alle, die etwas Besonderes essen wollen.

MEINE WEINEMPFEHLUNG

Franz Herbster
Fumé Blanc

In seiner Freizeit reist Bäckermeister Michael Schulze für Erkenntnisse in Sachen Teig um die Welt

PORTRÄT BÄCKEREI PFEIFLE

Vom täglichen Brot

Die Bäckerei Pfeifle besinnt sich auf alte Handwerkskunst –
und das jeden Morgen aufs Neue

Wolfgang Pfeifle nennt sie „die Hundert-Prozent-Tage". Es sind die Gelegenheiten im Jahr, an denen er ein annähernd perfektes Brot aus dem Ofen holt, „von dem man auf der Stelle die Hälfte essen möchte". Eines seiner Oberlindenbrote zum Beispiel, außen mit einer wunderbaren Krume vom Natursteinofen, innen mit glänzenden Grobporen und fluffig-zart. Pfeifle gerät beim Anschneiden ins Schwärmen: „Der Vorteig, das Klima, Mehl und Wasser ohne Reste verrührt, nicht zu feucht und nicht zu warm", alles Dinge, die für ihn unentbehrlich sind, um noch bessere Qualität als ohnehin zu liefern. Und es geht um so schöne alte Begriffe wie Handarbeit und Sorgfalt.

Pfeifles Lob des täglichen Brots klingt umso beachtlicher, weil viele Bäckereien heute genau das Gegenteil vermitteln: Ganz egal, was in die Tüte kommt, es hat immer gleich zu schmecken. Wolfgang Pfeifle, in dritter Generation in einem Freiburg-Haslacher Familienbetrieb mit 120 Mitarbeitern und elf Filialen aktiv, war diese Einstellung früher nicht ganz fremd.

Nicht wenige Berufskollegen haben mit allerlei Zusätzen und Triebmitteln gleichermaßen ihr Imperium wie ihre Backwaren aufgeplustert. Pfeifle hat vor rund sechs Jahren eine Saulus-Paulus-artige Kehrtwende ereilt.

Die wichtigste Einsicht damals: lieber ein reduziertes, klar erkennbares Sortiment als nichtssagende Beliebigkeit. Pfeifles Brote sind in vier Arten aufgeteilt: die Oberlindenbrote aus gemischtem Weizen, die Augustinerlaibe als Roggenmischbrote, der Freiburger Michel aus Weizensauerteig, zugleich das handwerkliche Vorzeigestück des Hauses, und die „Green City" genannten Vollkorn-Laibe. Alle regional benannt, alle mit so wenig Zutaten wie möglich, alle mit viel Herzblut gefertigt und unverwechselbar. „Ich brauche kein Fitness-Jogging-Wellness-Brot", sagt Wolfgang Pfeifle über manch zweifelhafte Innovation in seinem uralten Beruf. Mit der Kehrtwende ging für Pfeifle die Erkenntnis einher, dass rein umsatzgetriebene Bäckereien es in Zukunft schwer haben werden, auch wenn sie möglicherweise künftig mit Schnitzeln statt Brötchen etwas mehr Geld in der Kasse haben. Mehr Gewinn ist das selten. Ein Gewinn für Pfeifle war dagegen die Kompromisslosigkeit, mit der er bis heute sein Unternehmen führt – ohne Abstriche beispielsweise beim Getreide. Und mit einem Team, das täglich alles gibt. Der Chef ist umgeben von einer freundschaftlich aufgestellten Führungscrew, zu der sein Verkaufsleiter Karsten Elchlepp und seit sechs Jahren auch Michael Schulze zählen, so etwas wie der Maître der Backwaren. Schulze hat sein Handwerk ebenfalls bei qualitativ anspruchsvollen Handwerksbetrieben der Region gelernt. Für Inspiration in Sachen Brot pflegt er ein Netzwerk, das sich bis zu den Farmer Markets in San Francisco erstreckt – immer auf der Suche nach den besten Verfahren, dem besten Teig, den besten Zutaten. Die Geschichte des Brotbackens ist für ihn und Wolfgang Pfeifle längst nicht zu Ende erzählt.

> „Ich brauche kein Fitness-Jogging-Wellness-Brot"

Es war auch eine Begegnung mit dem Brot-Enthusiasten Michael, die Oliver Rausch damals zum Fan und Kunden der Bäckerei Pfeifle machte: „Komm, wir hocken uns zu dem tätowierten Typen dahinten", sagte er zu seinen Leuten beim Besuch in einem Messe-Restaurant während einer Pause. Und begann über die Qualität des servierten Brots zu sprechen. Der Tätowierte war Michael Schulze, der sich als der zuständige Bäckermeister vorstellte und Begeisterungsfähigkeit entfachte. Heute bezieht das *Schloss Reinach* das komplette Sortiment von der *Bäckerei Pfeifle*. Auch Sonderanfertigungen wie ein Natursauerteigbrot mit

PORTRÄT BÄCKEREI PFEIFLE

Tomaten, Oliven oder Sesam sind dabei. Und manch guter Rat, wenn es ums eigene Brotbacken, auch für die *Movin' Kitchen* von Anne Rausch, geht.

Für die Bäckerei Pfeifle ging es darum, dass sie dem Alltagslebensmittel Brot wieder Seele einhaucht, dass das Backen von Brot wieder aus der anonymen Backstube heraus und Begeisterung findet. Eine weitere Initialzündung im Prozess: „Kunden haben gesagt, dass die Leute das Handwerk wieder erfahren müssen", berichtet Pfeifle, der auch das Marketing und die Filialen auf den Kopf gestellt hat. Für den Chef des Betriebs, der im einfachen Freiburger Stadtteil Haslach aufgewachsen ist, gab es eine harte Ausbildung bei einem strengen Vater, der gleichwohl gewusst habe, „dass wir gut werden". Noch heute wird im Geburtshaus von Pfeifle gebacken. Die Prozesse sind im eigenen Haus geblieben, zum Teil auch die guten alten Maschinen. Vor der Kulisse eines alten Bauernhauses im Hof, ungewöhnlich in diesem Teil der Stadt, werden von Hand liebevoll Strudel gerollt. Gearbeitet wird mit langen Teigruhen, um den „Charakter" des Brotes hervorzubringen, wie Michael Schulze es nennt. Es sind die Abstammungen jahrealter Sauerteig-Kulturen, die so geführt werden, dass der Geschmack des Oberlindenbrotes sich aus bis zu drei verschiedenen Teigen zusammensetzt.

In Pfeifles Backstube riecht es nach jenem süßlichen Teiggeruch, den früher noch jede Bäckerei aus der Ladentür verströmt hat, der aber heute selten ist. In dieser Werkstatt wird teilweise tagelang am richtigen Backwerk getüftelt und der optimale Geschmack aus dem Getreide geholt. „Jeder Tag hier ist hochemotional", sagt Wolfgang Pfeifle, auch wenn er nicht immer die hundert Prozent schafft. „Aber wir gehen den einzig richtigen Weg, und der führt zur Ursprünglichkeit."

Handarbeiter: Brotteige und Strudel entstehen noch in Wolfgang Pfeifles Geburtshaus

GUTES FRÜHSTÜCK – GUTER START

GUTES FRÜHSTÜCK – GUTER START

TIPP
Ziegenfrischkäse mit Datteln und Frühlingslauch
Die Kombination aus cremigem Ziegenfrischkäse mit der Süße der Datteln und der scharfen Frühlingszwiebel ist auch für deftige Frühstücker ein Genuss. Wir beziehen unseren Ziegenkäse beim Käser unseres Vertrauens.

Aprikosenkonfitüre mit Kakaonibs

1 kg entsteinte Aprikosen
340 g Rohrohrzucker
8 g Agar
50 g Kakaonibs

Aprikosen in kleine Stücke schneiden und mit Zucker und Agar vermengen. Ca. 15 Minuten stehen lassen, danach aufkochen und 10 Minuten köcheln lassen. Die Konfitüre mit dem Stabmixer pürieren und nochmals aufkochen. Nun die Kakaonibs zugeben, in sterile Gläser füllen und verschließen. Wer größere Mengen an Marmelade kocht, kann diese auch im Glas einfrieren.

Bächlewasser – Freiburger Original

1 l stilles Tafelwasser
2 Limetten in Scheiben
8 Minzestiele mit Blättern

Wasser zum Wachwerden ist immer gut und dieses besonders. Frei nach einem guten Freund: „Wasser trinken alle, Bächlewasser nur wir Freiburger."

RAUSCH FRÜHSTÜCK

Avocadobrot mit Verlorenem Ei

Avocadobrot
4 Scheiben Oberlindenbrot
2 Avocados
Steinsalz
Pfeffer

Das Brot im Toaster leicht toasten, damit es ein wenig Crunch bekommt. Avocados halbieren und je eine halbe Frucht auf die Brotscheiben verteilen. Nun mit einer Gabel zerdrücken und mit Steinsalz und Pfeffer würzen.

Verlorene Eier
4 Eier, sehr frisch und in Raumtemperatur
4 EL Weißweinessig
1 l Wasser
1 EL geschnittene Kräuter (Schnittlauch,
    Blattpetersilie, Estragon oder Majoran)
Steinsalz
Pfeffer

Den Essig ins Wasser geben, aufkochen und dann leicht köcheln lassen. Eier einzeln in eine Schöpfkelle aufschlagen und vorsichtig nacheinander ins Essigwasser gleiten lassen. Die Eier sollen sich nicht berühren. 3 Minuten ziehen lassen. Mit einer Schaumkelle aus dem Wasser heben und auf einem Küchenkrepp abtropfen lassen. Die Eier auf den Broten anrichten und mit den Kräutern bestreuen. Zuletzt noch etwas Salz und Pfeffer. Simpel und unglaublich lecker.

Mein Birchermüesli

200 ml Milch
500 g Naturjoghurt
1 kleiner Apfel
1 Handvoll Trauben
60 g Haferflocken
25 g Leinsamen
15 g Kokosflocken
15 g gehackte Mandeln
1–2 TL Honig oder Agavensirup

Obst waschen, Apfel halbieren, Kerngehäuse entfernen und in kleine Würfel schneiden. Große Trauben halbieren. Alle Zutaten in eine Schüssel geben und gut vermengen. Verschlossen über Nacht im Kühlschrank ziehen lassen. Durch das „Übernachten" wird schon ein Teil der Nährstoffe leichter zugänglich gemacht.

Das Birchermüesli schmeckt prima mit frischem Obstsalat zum Frühstück. In Gläschen abgefüllt ist es ein tolles Pausenvesper für Klein und Groß.

GUTES FRÜHSTÜCK – GUTER START

Reis-Congee mit marinierten Beeren

Congee
1 Teil Reis (Basmati, Jasmin, Nishiki,
gerne nach eigenem Geschmack)
8–10 Teile Wasser

Wasser in einem großen Topf zum Kochen bringen. Reis in das kochende Wasser geben. Mindestens vier Stunden auf niedrigster Stufe ziehen lassen. Das Congee soll ein dickflüssiger Brei werden. Aufgrund der langen Kochzeit lohnt es sich das Congee in größeren Mengen auf Vorrat zu kochen. In sterile Gläser gefüllt, hält es sich vier bis fünf Tage im Kühlschrank.

Marinierte Beeren
Auswahl an Beeren, wie zum Beispiel Himbeeren,
Blaubeeren, Erdbeeren, Stachelbeeren etc.
Etwas Agavensirup oder Honig

Beeren waschen, schneiden und mit Honig marinieren. Nun auf das noch lauwarme Congee geben und genießen. Congee werden auch in der traditionellen Chinesischen Medizin als Power Food verwendet. Der lange gekochte Reis ist sehr bekömmlich und liefert viel Energie.

Ziegenjoghurt mit Blaubeeren

250 g Blaubeeren
2 kleine Bananen
3 EL Haferflocken
500 g Ziegenjoghurt
150 g Milch
2 TL Honig

Blaubeeren waschen, Bananen schälen, beides in den Mixer geben und kräftig durchmixen. Milch, Honig und Ziegenjoghurt langsam dazugeben bis die gewünschte Konsistenz erreicht ist. Das Trinkmüsli ist perfekt für Frühstücksmuffel, aber auch ein gutes Pausenvesper. Aus einer kleinen Flasche lässt es sich wunderbar mit Strohhalm genießen.

TIPP

Frischer Fruchtsalat

Wer nicht jeden Tag eine kleine Portion Fruchtsalat schneiden möchte, kann gut vorarbeiten. Bei der Auswahl des Obstes auf Bananen und Beeren verzichten; diese sollten täglich frisch zugefügt werden. Aber Obst wie Ananas, Melone, Apfel, Birne, Nektarine und Pfirsich kann man ruhig auf drei Tage Vorrat schneiden und mit wenig gezuckertem Orangen- oder Apfelsaft bedeckt im Kühlschrank lagern. So hat man morgens weniger Arbeit, und der erste Vitaminstoß ist garantiert.

GUTES FRÜHSTÜCK – GUTER START

Erdbeer-Rhabarber-Smoothie

- 350 g Erdbeeren, geputzt
- 150 g Rhabarber, geputzt
- 20 g Ingwer, geschält
- 200 ml stilles Wasser
- 20 g Chia-Samen

Erdbeeren mit Rhabarber, Ingwer und dem Wasser fein mixen. Nun die Chia-Samen zugeben und ca. 10 Minuten quellen lassen. Eventuell etwas Wasser zugeben, damit der Smoothie eine schöne Trinkkonsistenz erhält. Herrlich erfrischend und ein spritziger Helfer beim Start in den Tag.

Feigenblattgelee mit Apfel

Feigenblattfond
1 l Wasser
1 Vanilleschote
450 g Demerara-Zucker
1 Zitrone, halbiert
10 Feigenblätter

Wasser mit Vanille, Zucker und Zitrone aufkochen und die gewaschenen Feigenblätter damit übergießen. Den Fond mindestens drei Stunden ziehen lassen.

Gelee „Adam and Eve"
1 l Feigenblattfond
1 kg Apfelwürfel
(Natyra-Apfel in ca. 0,5 cm große Stücke geschnitten)
650 g Gelierzucker 1:3

Den Fond mit dem Gelierzucker und den Äpfeln aufkochen und mindestens fünf Minuten kochen lassen. Nach der Kochzeit in sterile Gläser abfüllen und verschließen.

Erdbeer-Rhabarber-Konfitüre

1 kg Erdbeeren
500 g Rhabarber, geschält
500 g Rohrohrzucker
10 g Agar
10 gehackte Wacholderbeeren

Erdbeeren und Rhabarber in kleine Stücke schneiden und mit Zucker, Wacholder und Agar vermengen. Ca. 15 Minuten stehen lassen, aufkochen und 10 Minuten köcheln lassen. Die Konfitüre mit dem Stabmixer pürieren und nochmals aufkochen. Nun in sterile Gläser füllen und verschließen. Wer größere Mengen an Marmelade kocht, kann diese auch im Glas einfrieren.

Rudi Raschke: Im Gespräch mit dem Brotenthusiasten Michael Schulze

PORTRÄT RUDI RASCHKE

Gerichterstatter

Der Journalist Rudi Raschke begleitete Anne und Oliver Rausch für die Texte dieses Buchs – und lernte seine Heimat vielerorts neu kennen

Den Freiburger Autor Rudi Raschke erreichte vor etwa eineinhalb Jahren eine ungewöhnliche Anfrage. Über gemeinsame Bekannte war Oliver Rausch auf ihn gekommen. Bei einem Kaffee in der heimischen Küche stellten er und seine Frau Anne die Idee zum Buch vor, bei dem eigentlich schon alles feststand: Titelmotiv, fotografisches Konzept, Fotograf und die zu beschreibenden Menschen, die Olivers und Annes Arbeit inspirieren. Was fehlte, war ein Autor, der von jetzt auf gleich an Terminen in Küche und Keller, an einem Roadtrip durch dick und dünn, aber auch an familiären Grillabenden der Rauschs teilnehmen wollte, quasi: Junger Mann zum Mitreisen gesucht.

Rudi ließ sich auf eine Reise durch die Region mitnehmen, die mit Kennenlernen allerorts verbunden war: Egal ob bei minus 10 Grad die Schweine von Judith Wohlfahrt in der Ortenau besucht wurden oder es bei wärmendem Kräutertee in der Küche von Klaus Vorgrimmler am Tuniberg um Wein und Planeten ging – auch für einen in Freiburg geborenen Journalisten boten diese Begegnungen häufig einen neuen Blick auf die Region. Mit Menschen, die man zuvor vielleicht nur vom Hörensagen oder über ihre Produkte wahrgenommen hatte. Mit denen man über die Verbindung zu den beiden Autoren selbst eine Beziehung aufbauen konnte. Und bei denen es jetzt darum ging, ihre Haltung für das Buch aufzuschreiben.

Für den Autor, der schon einige Jahre als Redakteur bei Tages-, Wochen- und Monatspublikationen hinter sich und in Freiburg Germanistik und Soziologie studiert hat, war es eine neue Erfahrung: ein Buch mitzugestalten, das er als Hobbykoch so bisher nicht in seinem Regal stehen hat. „Zu erleben, dass ein Chef wie Oliver seine Arbeit nicht nur mit Eingebungen am Herd, sondern über besondere Partnerschaften mit großartigen Erzeugern erklärt, hat große Freude gemacht. Aber auch, dass es mit Anne Rauschs *Familienwerkstatt* eine Liebe zum Genuss im selben Haus gibt, die auch abseits der Gourmet-Welt Früchte trägt."

LIEBE GEHT DURCH DIE ERINNERUNG

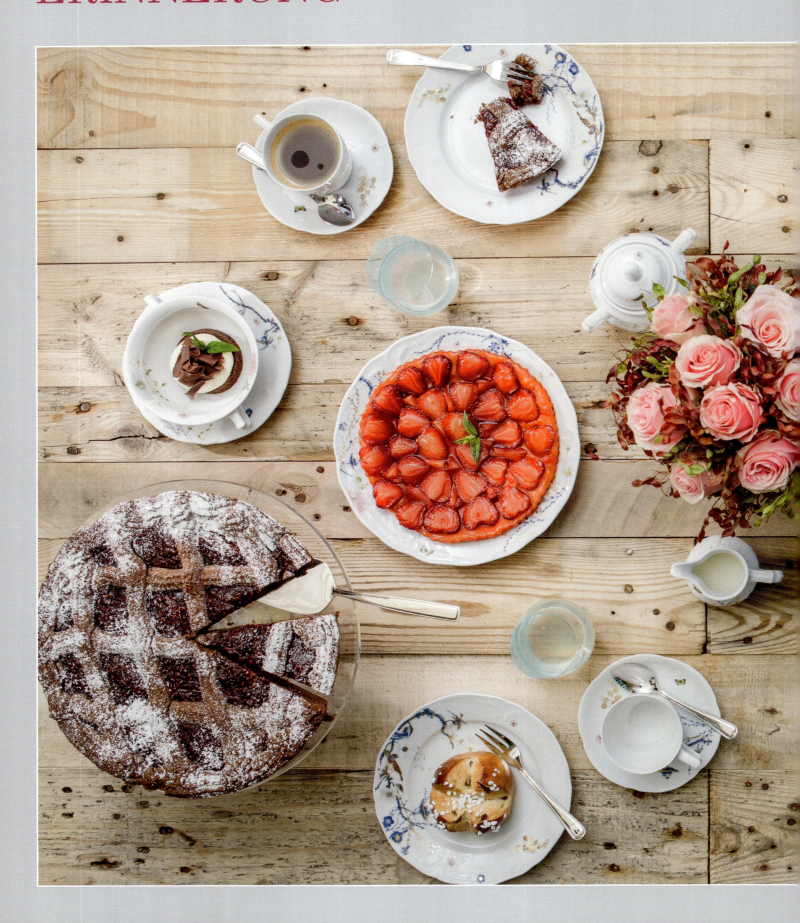

LIEBE GEHT DURCH DIE ERINNERUNG

Käsekuchen – Lebende Legende

Mürbeteig
100 g gehackte, kalte Butter
75 g Rohrohrzucker
1 Ei
200 g Mehl Typ 550
1 TL Backpulver

Butter, Zucker und Ei in der Küchenmaschine vermengen. Die restlichen Zutaten hinzugeben und zu einem glatten Teig verarbeiten. Eine Springform einfetten und mehlieren. Darin den ausgerollten Mürbeteig mit einem 3 cm hohen Rand auslegen.

Käsekuchenfüllung
200 g geschlagene Sahne
100 g zerlassene Butter
200 g Rohrohrzucker
8 Eier
1 kg Quark, 40 % i.Tr.
50 g Vanillezucker
Abrieb einer halben Zitrone
1 Prise Steinsalz
80 g Mehl Typ 550
40 g Speisestärke

Sahne schlagen und kaltstellen. Butter bei niedriger Stufe in einer Stielkasserolle flüssig werden lassen. Zucker und Eier in den Quark rühren, anschließend Vanillezucker, Zitronenabrieb und Salz zugeben. Nun Mehl und Speisestärke unterheben und die zerlassene Butter einarbeiten. Zuletzt die geschlagene Sahne vorsichtig unterheben und die Quarkmasse auf den Mürbeteig in der Springform geben. Den Käsekuchen im vorgeheizten Backofen bei 180 °C etwa 45 Minuten goldbraun backen. Dabei sollte der Kuchen, sobald er sich beim Backen stark wölbt, kurzzeitig aus dem Ofen genommen werden. So kann er sich wieder etwas setzen. Auf diese Art kann man starke Risse an der Oberfläche vermeiden.

Linzer Torte – Das Familienrezept

Teig
200 g Butter
200 g Rohrohrzucker
1 Ei
200 g Mehl Typ 550
200 g Haselnüsse, gemahlen
1 EL Zimt
1 EL Kakaopulver
1 Msp. Backpulver
4 EL Himbeergeist (optional)

Füllung
250 g Himbeermarmelade
Puderzucker zum Bestäuben

Zuerst Butter, Zucker und Ei mithilfe einer Küchenmaschine schaumig schlagen. Dann die restlichen Zutaten zugeben und alles zu einem glatten Teig verrühren. Eine Springform fetten, mehlieren und ihren Boden mit 2/3 des Teiges auslegen. Nun die Marmelade in der Form verteilen und den restlichen Teig in einen Spritzbeutel mit Sterntülle füllen. Den Kuchen damit gitterförmig dekorieren. Diesen schließlich im vorgeheizten Backofen bei 180 °C ca. 50 Minuten backen und nach dem Abkühlen mit Puderzucker bestäuben. Das Tolle an diesem Rezept ist, dass die Linzer Torte weich ist und sofort genossen werden kann.

Michis Rosinenbrötchen

Rosinenbrötchen
40 g frische Hefe
450 ml Milch
1 kg Mehl Typ 550
80 g Rohrohrzucker
20 g Steinsalz
100 g flüssige Butter
2 Eier
250 g Rosinen, gewaschen
 (optional über Nacht in Rum eingelegt)
1 Ei zum Bestreichen
Hagelzucker zum Bestreuen

Zunächst die Hefe in der Milch auflösen und aus Milch, Mehl, Zucker, Salz, Butter und Eiern einen Teig kneten. Die Rosinen erst gegen Ende der Knetzeit zugeben, damit sie nicht breiig werden. Den Teig anschließend bei etwa 24 °C eine Stunde ruhen lassen und danach in 90 g schwere Stücke teilen. Diese formen, auf ein Backblech setzen und mit einem Tuch bedeckt nochmals ca. 45 Minuten ruhen lassen. Nun die Brötchen mit Ei bestreichen und kreuzförmig einschneiden. Zuletzt mit Hagelzucker bestreuen und bei 180 °C ca. 15 Minuten goldbraun backen.

LIEBE GEHT DURCH DIE ERINNERUNG

Schwarzwälder Kirsch „to go"

Schokoladenbiskuit
- 200 g Marzipan
- 60 g Puderzucker
- 120 g Eigelb
- 1 Ei
- 50 g weiße Kuvertüre
- 50 g Butter
- 50 g Mehl Typ 550
- 25 g Kakaopulver
- 125 g Eiweiß
- 75 g Demerara-Zucker
- Kirschwasser zum Aromatisieren (optional)

Marzipan mit Puderzucker, Eigelb und Ei glattmixen. Anschließend die Kuvertüre mit Butter schmelzen lassen und zur Marzipanmasse geben. Nun Mehl und Kakao unter die Masse ziehen. Abschließend Eiweiß und Zucker steif schlagen und unterheben. Den Biskuit bei 180 °C ca. 25 Minuten im Umluftofen backen. Beim Anrichten die Biskuitböden mit etwas Kirschwasser aromatisieren.

Kirschkompott
- 200 g Sauerkirschen
- 200 ml Kirschsaft
- 50 ml Kirschsirup
- 50 ml Kirschlikör (optional 50 ml Kirschsirup)
- Speisestärke

Sauerkirschen entsteinen und vierteln. Kirschsaft gemeinsam mit Sirup auf ca. 100 ml reduzieren. Nun Likör oder weiteren Sirup zugeben und mit Speisestärke binden. Den Fond erkalten lassen und die Sauerkirschen damit marinieren.

Milchcreme
- 250 ml Vollmilch
- 250 ml Sahne
- 5 g Agar
- 50 g Rohrohrzucker
- Mark einer Vanilleschote
- Steinsalz
- Schokoladenraspeln zum Dekorieren

Die Zutaten gemeinsam aufkochen und gelieren lassen. Wenn die Masse fest ist, diese mit dem Mixer zu einem glatten Püree vermengen.

Tarte aus dem Erdbeerland

Teig
- 200 g Mehl Typ 550
- 80 g Rohrohrzucker
- 1 Prise Steinsalz
- 100 g kalte Butter, in Würfeln
- 1 Ei
- 2 EL Eiswasser

Erdbeerbelag
- 60 g Butter
- 80 g Rohrohrzucker
- 500 g Erdbeeren, gewaschen und geviertelt

Butter in einer 24 cm großen Pfanne aufschäumen und Zucker darin karamellisieren. Den Karamell etwas abkühlen lassen und den Pfannenboden mit Erdbeeren auslegen. Anschließend den Tarteteig etwa drei bis vier Millimeter dick ausrollen und die Erdbeeren damit bedecken. Nun den überschüssigen Teig abschneiden und die Tarte bei 200 °C im vorgeheizten Ofen ca. 15 Minuten goldbraun backen. Die Tarte nach der Backzeit etwas auskühlen lassen und auf eine Platte stürzen. Der Duft, den diese Tarte verströmt, ist ein Traum und macht Lust auf den ersten Bissen. Sie darf auch gerne mit einer Kugel Vanilleeis genossen werden.

TIPP
Wasser mit Feigenblatt
Den Fond aus Feigenblättern, wie für das Feigenblattgelee beschrieben, kann man auch mit Mineralwasser aufgießen. Das herrliche Aroma der Blätter mit etwas frischer Feige im Glas ist eine nette Abwechslung, nicht nur an Omas Kaffeetisch.

WEIHNACHTSGEBÄCK NACH FAMILIENREZEPTEN

WEIHNACHTSGEBÄCK NACH FAMILIENREZEPTEN

Vanillekipferl

250 g Mehl Typ 550
100 g Rohrohrzucker
Mark von zwei Vanilleschoten
180 g gemahlene Mandeln
200 g Butter
Eigelb von zwei Eiern

Aus den Zutaten in der Knetmaschine einen glatten Teig herstellen und diesen mindestens sechs Stunden kaltstellen. Nach dieser Zeit den Teig in ca. 50 mm starke Rollen formen. Diese leicht schräg in Stücke schneiden und mit den Händen zu Vanillekipferln formen. Das Gebäck auf ein mit Backpapier ausgelegtes Blech legen und bei 170 °C ca. 8 Minuten backen. Die Backzeit variiert je nach Ofen. Nach dem Backen die Kipferl auskühlen lassen und mit Puderzucker bestäuben. Schließlich das Gebäck in einer geeigneten Box aufbewahren und kühl lagern.

Hildaplätzchen

300 g Mehl Typ 550
2 TL Backpulver
100 g Rohrohrzucker
Mark einer Vanilleschote
1 Ei
150 g Butter
Johannisbeerkonfitüre

Aus den Zutaten in der Knetmaschine einen glatten Teig herstellen und diesen mindestens sechs Stunden kaltstellen. Danach den Teig ca. drei Millimeter dick ausrollen, mit einem Ausstecher Plätzchen ausstanzen und diese auf ein mit Backpapier ausgelegtes Blech geben. Jetzt die Hälfte der Plätzchen, die späteren Oberteile, in der Mitte mit einem Loch versehen. Gebacken wird bei 170°C ca. 8 Minuten bis die Plätzchen goldbraun sind. Das Gebäck nach dem Backen auskühlen lassen und die Marmelade auf die Unterteile ohne Loch verteilen. Die Oberteile mit Puderzucker bestäuben und auf die Marmelade setzen. Die Plätzchen schließlich in einem geeigneten Gefäß kühl lagern.

RAUSCH WEIHNACHTSGEBÄCK

Husarenkappen

300 g Mehl Typ 550
Eigelbe von zwei Eiern
200 g Butter
100 g Rohrohrzucker
80 g gemahlene Haselnüsse
Mark einer Vanilleschote
Abrieb einer Zitrone
Steinsalz
Quittenkonfitüre zum Füllen

Aus den Zutaten in der Knetmaschine einen glatten Teig herstellen und diesen mindestens sechs Stunden kaltstellen. Danach den Teig in ca. 50 mm starke Rollen formen. Diese in Stücke schneiden, mit den Händen zu Kugeln formen und auf ein mit Backpapier ausgelegtes Blech legen. Nun mit dem Stiel eines Kochlöffels etwa bis zur Hälfte ein Loch in die Kugeln drücken. Die Husarenkappen bei 170 °C ca. 10 Minuten goldbraun backen. Das Gebäck nach dem Backen auskühlen lassen und mit Puderzucker bestäuben. Zuletzt mit der Konfitüre füllen und in einem geeigneten Gefäß kühl lagern.

Anisplätzchen

2 TL Anis
200 g Puderzucker
2 Eier
200 g Butter, weich
175 g Mehl Typ 550
1 Msp. Backpulver

Aus den Zutaten in der Rührmaschine eine glatte Masse herstellen. Diese mit einem Spritzbeutel auf Backpapier dressieren, das mit Anis bestreut ist. Die Klecks sollten etwa die Größe einer 1-Euro-Münze haben. Die Anisplätzchen 12 Stunden bei Raumtemperatur trocknen lassen und erst am nächsten Tag bei 150 °C ca. 8 Minuten backen. Die Plätzchen bilden dabei einen kleinen Sockel aus, der goldbraun werden sollte. Das Gebäck nach dem Backen auskühlen lassen und in eine geeignete Box setzen.

WEIHNACHTSGEBÄCK NACH FAMILIENREZEPTEN

Linzer Plätzchen

150 g Butter
90 g Puderzucker
Mark einer Vanilleschote
1 Ei
160 g Mehl Typ 550
150 g gemahlene Haselnüsse
Steinsalz
Zimt
Nelke
Himbeerkonfitüre zum Füllen
Zartbitterkuvertüre zum Dekorieren
Gehackte Pistazien zum Dekorieren

Aus den Zutaten in der Knetmaschine einen glatten Teig herstellen und diesen mindestens sechs Stunden kaltstellen. Danach den Teig ca. drei Millimeter dick ausrollen, mit einem Ausstecher ausstanzen und auf ein mit Backpapier ausgelegtes Blech geben. Gebacken wird bei 170 °C bis die Plätzchen goldbraun sind. Das Gebäck nach dem Backen auskühlen lassen. Die Hälfte der Plätzchen ganzflächig mit Himbeerkonfitüre bestreichen und die andere Hälfte als Oberteile aufsetzen. Die Oberseiten mit Kuvertüre bestreichen und gehackte Pistazien aufstreuen. Die Plätzchen an einem kühlen Ort fest werden lassen und danach in eine geeignete Box räumen.

Kokosnussbiskuit

100 g Butter, flüssig
100 g Mehl Typ 550
40 g geröstete Kokosraspeln
60 g Puderzucker
3 Eier
60 g Rohrohrzucker
50 g Kokospüree oder Kokosmilch
1 g Steinsalz

Die Zutaten für den Biskuit in den Mixer geben und glatt mixen. Den Teig anschließend zwölf Stunden im Kühlschrank ruhen lassen. Nun in eine Kastenform füllen und bei 180 °C 20 Minuten backen. Die Backzeit variiert je nach Ofen und Gefäß. Den Biskuit nach dem Backen auskühlen lassen und in Würfel schneiden. Anschließend kühl und luftdicht lagern.

RAUSCH WEIHNACHTSGEBÄCK

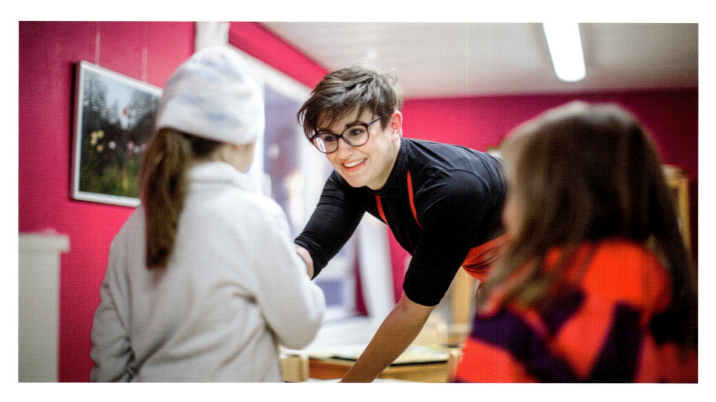

Nougatplätzchen

    225 g Butter
    100 g Puderzucker
    Mark einer Vanilleschote
    2 Msp. Zimt
    200 g Mehl Typ 550
    40 g Kakaopulver
    1 gestrichener TL Backpulver
    125 g gemahlene Walnüsse
    1 Ei
    1 Eigelb
    Nougat zum Füllen
    Zartbitterkuvertüre zum Dekorieren

Aus den Zutaten in der Knetmaschine einen glatten Teig herstellen und diesen mindestens sechs Stunden kaltstellen. Danach den Teig in ca. 3 cm dicke Rollen formen und diese in etwa vier Millimeter dicke Scheiben schneiden. Auf einem mit Backpapier ausgelegten Blech bei 170 °C ca. 8 Minuten backen. Die Plätzchen nach dem Backen auskühlen lassen und je zwei zu einem mit Nougat gefüllten Doppelkeks zusammenfügen. Eine Kante der Plätzchen etwa zur Hälfte in temperierte Kuvertüre tauchen und kaltstellen. Sobald die Kuvertüre fest ist, das Gebäck in eine geeignete Box setzen und kühl aufbewahren.

Schokoladentrüffel

    1 Vanilleschote
    300 g Sahne
    500 g Kuvertüre (72 %)
    100 g Butter
    30 ml Eierlikör
    Kakaopulver zum Wälzen

Vanilleschote längs aufschneiden und das Mark herauskratzen. Dieses mit Sahne und Vanilleschote aufkochen. Danach die Schote entfernen. Nun die Kuvertüre klein hacken, mit der Butter zur heißen Sahne geben und alles glattrühren. Anschließend den Eierlikör unterrühren. Die Masse 24 Stunden im Kühlschrank fest werden lassen. Zuletzt aus der kalten Masse kleine Kügelchen formen und im Kakaopulver wälzen. Anschließend kühl und luftdicht lagern. Nichts für unsere Kleinen, aber ein Traum für uns Erwachsene.

ergie

Energie durch Bewegung: Treppenhaus im Stammsitz der Energiedienst AG in Rheinfelden

PORTRÄT **ENERGIEDIENST**

Energie – über den Tellerrand hinaus

Naturnähe und Regionalität: Wie die Energiedienst AG gemeinsam
mit der *Familienwerkstatt* für Nachhaltigkeit wirbt

 Der Rhein: Er verkörpert einen zentralen Bestandteil unserer Kulturregion, er grenzt an gleich drei Länder, aber noch mehr verbindet er sie. Er bietet eine einzigartige Natur – und er liefert Energie. In vielerlei Hinsicht. Am eindrücklichsten ist das Schauspiel der Wasserkraftnutzung im Kraftwerk in Rheinfelden zu erleben, das auf Schweizer und deutschem Boden liegt. Die Energiedienst AG als Betreiber hat es 2010 fertiggestellt und ersetzte ein damals 130 Jahre altes Monument am gleichen Standort. Durch vier hausgroße Turbinen fließen hier gleichzeitig 1,5 Millionen Liter Wasser. Pro Sekunde.

Es mag in der lauten Halle auf den ersten Blick gar nicht so naheliegend sein, was diese kraftstrotzende Art der Energiegewinnung mit den in sich ruhenden Projekten der *Familienwerkstatt* von Anne Rausch gemeinsam hat. Dabei gibt es zahlreiche Gemeinsamkeiten, aus denen über die Jahre eine Reihe von Ideen mit der Energiedienst AG entstanden sind.

Denn die Gewinnung des elektrischen Stroms aus der Kraft des Wassers hat trotz der Hochtechnologie und der Generatoren der Superlative einen ganz naturnahen und regionalen Hintergrund. Um zu zeigen, wie der hundertprozentig ökologische Strom produziert wird, vor allem aber, wo er entsteht, gibt es gemeinsame Veranstaltungen im Stammland von Energiedienst: Südlich von Schallstadt, vor den Toren Freiburgs, ist die Unternehmensgruppe nicht nur im Besitz des Stromnetzes, sondern betreibt neben dem Wasserkraftwerk in Rheinfelden – im Übrigen einem der großen Knotenpunkte in Europa – zwei Rheinkraftwerke und 13 weitere kleine Kraftwerke an Gewässern wie der Wiese, der Murg, der Wehra und der Gutach.

Darüber hinaus sorgt Energiedienst vielerorts für sogenannte Fischpässe, die den Tieren die Wege auf dem Rhein erleichtern. Sie investiert in vielfache Ausgleichsmaßnahmen am Flussufer, pflegt die Flora und die Fauna neben der ökologischen Stromgewinnung.

> „Ökonomisch – ökologisch – regional"

Zur nachhaltigen Gewinnung von Energie gehört für die Energiedienst AG auch die Vermittlung von Werten wie Tradition und Verwurzelung. Familien sind ein wichtiger Ansprechpartner für Freizeitideen wie *NaturEnergie Live* oder Kochshows, beispielsweise auf der Regio-Messe. Aber auch dort, wo Energiedienst als Sponsor auftritt, finden diese Ideen Anklang.

Was Anne Rauschs *Familienwerkstatt* bei den gemeinsamen Veranstaltungen von Energiedienst anbietet, reicht über das Kulinarische hinaus – es können auch ökologisch angesagte Basteleien sein, beispielsweise Insektenhotels. Beim Kochen in der mobilen Küche vermittelt Annes *Familienwerkstatt* nicht nur Raffinesse und Genuss für Erwachsene und Kinder, sie vereint auch das Heitere mit dem Lehrreichen.

Wie bereite ich ein optimales Frühstück für alle zu, wie nehmen wir Mahlzeiten zusammen ein? Wie vermeide ich als Berufstätiger Aufwand beim Kochen und kann mich trotzdem abwechslungsreich ernähren? Welche Produkte

PORTRÄT ENERGIEDIENST

aus unserer Region haben gerade Saison und wie kann ich sie einsetzen? Auf diese Fragen gibt es bei den *Familienwerkstatt*-Events schmackhaft Antwort.

Manchmal auch mehr als nur eine: Wenn Oliver Rausch dabei ist, zeigen die beiden, wie sich aus dem identisch bestückten Einkaufskorb sehr unterschiedliche Rezepte gestalten lassen. Und wie sich ein Einkauf ohne Verschwendung über mehrere Mahlzeiten variantenreich einsetzen lässt.

Hinter den bis zu vier *Natur-Energie LIVE* Kochveranstaltungen im Jahr steckt ein Team, zu dem auch ein Ernährungsberater und ein Produktionskoch zählen, aber eben auch örtliche Partner wie verschiedene Lebensmittelproduzenten und -händler aus Lörrach und Umgebung sowie ein Bioladen in Lörrach. „Es sind alle mit großer Leidenschaft dabei", sagt Anne Rausch über die kreative Zusammenarbeit, die am Rande einer Präsentation bei einem Bürgerempfang im Markgräfler Land ihren Beginn nahm.

„Ökonomisch – ökologisch – regional" lautet ein Motto der deutsch-schweizerischen Energiedienst-Gruppe. Es könnte ohne Auslassung eines Wortes auch auf dem Schild am Mobil der *Familienwerkstatt* stehen. Naturnähe und Energie treiben beide gleichermaßen an, nicht nur bei gemeinsamen Auftritten.

1,5 Millionen Wasser pro Sekunde: Das Wasserkraftwerk der Energiedienst AG verbindet in Rheinfelden Deutschland und die Schweiz

KINDER AN DIE MACHT

KINDER AN DIE MACHT

Flammkuchen geht immer

Teig
500 g Mehl Typ 550
350 ml Wasser
12 g Steinsalz
5 g frische Hefe
25 ml Olivenöl

Belag
200 g Sauerrahm
200 g Vesperspeck, in dünnen Scheiben
160 g Frühlingslauch, geschnitten
200 g Emmentaler, geschnitten

Alle genannten Zutaten zu einem glatten Teig kneten und diesen bei Raumtemperatur ca. eine Stunde ruhen lassen. Nach dieser Ruhezeit wird der Teig nochmals 24 bis 48 Stunden in den Kühlschrank gelegt. Durch die Lagerung im Kühlschrank wird der Teig bekömmlicher und erhält einen besseren Geschmack. Auch das Backergebnis verbessert sich dadurch deutlich. Es lohnt sich, den Teig geduldig ruhen zu lassen. Schön, wenn man einen Bäckermeister zum Freund hat, der dabei hilft, den leckersten Teig zuzubereiten. Danke Michi.

Sauerrahm auf den dünn ausgerollten Teig streichen. Nun mit dem Vesperspeck belegen und mit Frühlingslauch bestreuen. Zuletzt den Flammkuchen mit Emmentaler belegen und bei 240 °C im vorgeheizten Ofen backen bis der Teig gar ist.

Gemüse-Fritten mit Sauerrahm-Mayo und Erdbeer-Tomaten-Ketchup

Gemüse-Fritten
250 g Karotten in Stifte geschnitten
250 g Kohlrabi in Stifte geschnitten
500 g mehlige Kartoffeln in Stifte geschnitten
80 ml Olivenöl
Rosmarinzweige
Thymianzweige
Steinsalz
Pfeffer
Mehl Typ 550 zum Panieren

Die Gemüsestifte werden mit Öl, Kräutern, Salz und Pfeffer mariniert. Anschließend das Öl etwas abtropfen lassen und die Stifte mit dem Mehl dünn panieren. Diese nun auf ein mit Backpapier ausgelegtes Blech geben und bei 180 °C ca. 15 Minuten im Ofen goldbraun backen. Sobald die Gemüsestifte gar sind, werden sie zum Abtropfen auf ein Küchenkrepp gegeben. Eventuell etwas nachwürzen und schließlich servieren.

Sauerrahm-Mayonnaise
10 g Dijon-Senf
10 g Meerrettich
10 ml weißer Balsamessig
3 Eigelb
250 ml Oliven-Basilikum-Öl
200 g Sauerrahm
Steinsalz
Pfeffer

Mit einem Stabmixer Senf, Meerrettich, Essig und Eigelbe in einem schmalen, hohen Gefäß mixen und dann stetig und langsam das Öl zugeben. Sobald eine homogene Creme entstanden ist, können Sauerrahm und Gewürze hinzugefügt werden. Diese Mayonnaise enthält durch den Sauerrahmanteil weniger Fett als eine gewöhnliche. Dadurch schmeckt sie frischer und darf als kleine Sünde gerne genossen werden.

Erdbeer-Tomaten-Ketchup
350 g Zwiebeln
10 ml Basilikum-Olivenöl
200 g weißer Balsamessig
2 kg passierte Tomaten
20 g Paprikapulver
500 g reife Erdbeeren
70 g Rohrohrzucker
4 Lorbeerblätter
Steinsalz
Pfeffer

Zwiebeln in Würfel schneiden und im Öl andünsten. Mit Essig ablöschen und diesen trocken kochen. Danach die restlichen Zutaten hinzugeben und die Soße um ein Drittel reduzieren. Lorbeerblätter entfernen, mit dem Stabmixer pürieren und durch ein feines Sieb passieren. Die Soße schließlich nochmals aufkochen und in sterile Gläser oder Flaschen füllen und verschließen. Gekühlt ist der Ketchup mehrere Wochen haltbar.

Orangenlimonade

2 Orangen
1 l Mineralwasser

Eine der beiden Orangen fest über die Arbeitsplatte rollen, dann halbieren und ihren Saft in eine Karaffe pressen. Die zweite Orange waschen und in dünne Scheiben schneiden. Diese ebenfalls in die Karaffe geben und mit dem Mineralwasser auffüllen. Die selbstgemachte Limonade kann natürlich auch mit Limette, Zitrone, Wassermelone und vielem mehr zubereitet werden. Sie ist eine schöne und zuckerarme Erfrischung.

KINDER AN DIE MACHT

Mach ma' Currywurst

Wurst
Ob mit oder ohne Darm, ob vom Schwein, vom Rind oder vom Kalb – diese Wahl muss jeder für sich treffen! Nur eines möchte ich ans Herz legen: Suchen und finden Sie den Metzger Ihres Vertrauens. Eine gute Wurst, von gut gehaltenen Tieren, kann ein Genuss sein.

Currysoße
1 EL Currymischung Madras
1 TL Chilipulver (für die gewisse Schärfe)
20 ml weißer Balsamessig
10 g Tannenhonig
600 ml Erdbeer-Tomaten-Ketchup

Zuerst die Currymischung und das Chilipulver in einem Topf trocken anrösten. Sobald die Gewürze zu duften beginnen, diese mit Essig und Honig ablöschen. Zuletzt Ketchup zugeben und aufkochen. Die Soße wird warm zur gegrillten Wurst gegeben.

Manufaktur Jörg Geiger
PriSecco Bio Cuvée Nr. 21

Manufaktur Jörg Geiger
PriSecco Cuvée Nr. 23

Pizza „Italienische Liebe"

Teig
500 g Mehl Typ 550
350 ml Wasser
12 g Steinsalz
5 g frische Hefe
25 ml Olivenöl

Belag
Ratatouille
Salami
Parmesan Reggiano
Fior di latte (Mozzarella)
Gehackte Kräuter

Alle genannten Zutaten zu einem glatten Teig kneten und diesen bei Raumtemperatur ca. eine Stunde ruhen lassen. Nach der Ruhezeit wird der Teig nochmals 24 bis 48 Stunden in den Kühlschrank gelegt. Dadurch wird der Teig bekömmlicher und geschmacksintensiver. Auch das Backergebnis verbessert sich deutlich. Es lohnt sich, die Geduld aufzubringen und auf den Teig zu warten.

Den Pizzateig mit den Händen dünn ausziehen und am Rand etwas dicker formen. Beim Belegen sind den Geschmäckern natürlich keine Grenzen gesetzt. Aber auch bei der simpelsten Pizza ist es wichtig, die besten Grundprodukte zu verwenden. Gute Salami, bester Käse und leckeres Gemüse machen die Pizza zu einem wahren Genuss. Sie wird im vorgeheizten Ofen bei 220 °C gebacken. Wer einen Pizzastein oder eine Schamottplatte hat, backt auf dieser. Durch den vorgeheizten Stein wird das Backergebnis noch besser.

DIE ZEIT RENNT – SCHNELLE KÜCHE FÜR DAHEIM

DIE ZEIT RENNT

Bratlinge mit Karottensalat und Sauerrahm-Mayonnaise

Bratlinge
75 g Zwiebelwürfel
300 g Pfifferlinge, geputzt
10 ml Olivenöl
75 g getrocknete Zwetschgen
15 g schwarzer Knoblauch, fermentiert
75 g Zedernkerne
100 g Quinoa, bunt
250 ml Wasser
Rosmarin, Thymian
50 g Semmelbrösel
Steinsalz
Pfeffer
Semmelbrösel zum Panieren

Die Zwiebeln und Pfifferlinge in Olivenöl anbraten. Danach Zwetschgen, Knoblauch, Zedernkerne und Quinoa hinzugeben und mit Wasser auffüllen. Nun die Kräuter hinzufügen und aufkochen lassen. Das Ganze bei geringer Hitze köcheln lassen bis die Flüssigkeit von der Quinoa aufgenommen wurde. Schließlich die Masse durch den Fleischwolf lassen, Semmelbrösel dazugeben und nach Geschmack mit Salz und Pfeffer würzen. Die Masse in kleine Bratlinge formen und in etwas Semmelbröseln panieren. In Olivenöl goldbraun anbraten und servieren. Die Masse eignet sich auch dafür, vegetarische Ravioli zu füllen oder eine Lasagne einzuschichten. Die Bratlingmasse eignet sich – in größerer Menge hergestellt – auch wunderbar zum Einfrieren.

Karottensalat
600 g Karotten
1 TL Dijon-Senf
1 TL Meerrettich
90 ml Sonnenblumenöl
70 ml weißer Balsamessig
100 ml Orangensaft
Steinsalz, Pfeffer
Fenchelsamen

Karotten – gegebenenfalls im Mixer – grob zerkleinern und mit den anderen Zutaten zu einem Salat vermengen. Wer möchte, kann gerne noch ein paar Nüsse dazugeben.

Sauerrahm-Mayonnaise
10 g Dijon-Senf
10 g Meerrettich
10 ml weißer Balsamessig
3 Eigelb
250 ml Oliven-Basilikum-Öl
200 g Sauerrahm
Steinsalz, Pfeffer

Mit einem Stabmixer Senf, Meerrettich, Essig und Eigelbe in einem schmalen, hohen Gefäß mixen und dann stetig und langsam das Öl zugeben. Sobald eine homogene Creme entstanden ist, können der Sauerrahm und die Gewürze hinzugefügt werden. Diese Mayonnaise enthält durch den Sauerrahmanteil weniger Fett als eine gewöhnliche Mayonnaise. Dadurch schmeckt sie frischer und darf als kleine Sünde gerne genossen werden.

RAUSCH SCHNELLE KÜCHE FÜR DAHEIM

Gemüsesoße „Ragù" mit Ofenkartoffeln

Gemüsesoße „Ragù"
400 g Karotten
250 g rote und gelbe Paprika
25 g Zwiebeln
120 g Lauch
200 g Zucchini
1 TL Olivenöl
4 EL Tomatenmark
50 ml weißer Balsamessig
900 g passierte Tomaten
Thymian, Rosmarin, Blattpetersilie
Steinsalz, Pfeffer
Tomatenpower (Grundrezept)

Das Gemüse schälen, waschen und im Mixer grob zerkleinern. Falls kein Mixer vorhanden ist, schneidet man das Gemüse in kleine Würfel. Olivenöl in einem Topf erhitzen und das Gemüse darin dünsten. Tomatenmark dazugeben, leicht anrösten und mit Balsamessig ablöschen. Schließlich die passierten Tomaten hinzufügen und alles etwa 20 Minuten köcheln lassen. Daraufhin die gehackten Kräuter hinzugeben. Die Soße zuletzt mit Salz, Pfeffer und Tomatenpower würzen und kochend in sterile Gläser füllen. Diese verschließen und abkühlen lassen. Die Soße sollte sich mindestens zwei bis drei Wochen im Kühlschrank halten. Sie ist das italienische Original zu unserer Bolognese, in diesem Fall ohne Fleisch. Die Soße „Ragù" kann auch zu Nudelgerichten gereicht oder für eine Gemüselasagne verwendet werden.

Ofenkartoffeln
400 g Kartoffeln, mehlig kochend
60 ml Olivenöl
Steinsalz
Rosmarinzweige
Thymianzweige
gehobelter Parmesan

Die Kartoffeln in der Schale mithilfe einer Bürste säubern und im Abstand von etwa 3 mm etwa zwei Drittel tief einschneiden. In einer Schüssel mit Olivenöl, Salz und Kräutern marinieren. Kartoffeln danach auf ein Backblech oder in eine Auflaufform geben und im Ofen bei ca. 200 °C 40 Minuten backen. Die Garzeit variiert je nach Größe der Kartoffeln. Die fertigen Kartoffeln auf einem Küchenkrepp abtropfen lassen und gegebenenfalls nachwürzen. Vor dem Servieren kann etwas gehobelter Parmesan auf die Kartoffeln gegeben werden.

Ingwer-Gurkenwasser

40 g Ingwer, geschält und in Scheiben
80 g Salatgurken in Scheiben
1 l Mineralwasser mit Kohlensäure

Alle Zutaten in eine Karaffe geben und bei Zimmertemperatur genießen. Dieses Wasser ist belebend und erfrischend. Es sollte bei Raumtemperatur getrunken werden, da es so bekömmlicher ist.

DIE ZEIT RENNT

Ofenlachs mit Zitronen-Kresse-Butter und Spaghetti

Pochierter Lachs
600 g Lachsfilet
40 ml Haselnussöl
Steinsalz
Pfeffer

Das Lachsfilet in acht gleich große Stücke schneiden, mit Haselnussöl marinieren, salzen und pfeffern. Anschließend den Fisch auf einen Teller legen und mit hitzebeständiger Folie luftdicht abdecken. Den Ofen auf 65 °C vorheizen und den Lachs abgedeckt ca. 15 Minuten garen. Der Fisch sollte in der Mitte einen glasigen Kern haben. Die Garzeit variiert je nach Ofen und Dicke des Lachsfilets.

Zitronen-Kresse-Butter
80 g Butter
1 Knoblauchzehe
Steinsalz
Pfeffer
Saft einer halben Zitrone
Abrieb einer halben Zitrone
40 g Brunnenkresse, gehackt

Butter mit Knoblauch in der Pfanne aufschäumen und mit Salz und Pfeffer würzen. Unmittelbar vor dem Servieren Saft und Zitronenabrieb zugeben. Zuletzt noch Kresse an die Butter geben und über den Fisch sowie die Spaghetti träufeln.

Spaghetti mit Parmesan
250 g Spaghetti
20 g Butter
80 g Parmesan, gerieben
Steinsalz

Spaghetti nach Anleitung kochen und im Anschluss mit Butter und geriebenem Parmesan vermengen. Schließlich mit Salz würzen und zum Lachs reichen.

RAUSCH SCHNELLE KÜCHE FÜR DAHEIM

Ratatouille mit geröstetem Brot

Ratatouille
1 Zwiebel
200 g Zucchini
200 g Aubergine
200 g rote Paprika
Rosmarin
Thymian
1 Knoblauchzehe
1 TL Olivenöl
150 ml Gemüsebrühe
500 g Tomaten, passiert
Salz
Pfeffer
Chilipulver

Zunächst die Zwiebel schälen und in feine Würfel schneiden. Zucchini und Aubergine waschen sowie Paprika putzen und alles in ca. 1 cm große Würfel schneiden. Auch die Kräuter werden gewaschen und gehackt. Nun Zwiebeln und Knoblauchzehe in Olivenöl anschwitzen, mit Gemüsebrühe ablöschen, die passierten Tomaten dazugeben und köcheln lassen. Die Gemüsewürfel werden in einer separaten Pfanne angebraten, mit Salz und Pfeffer gewürzt und in die Tomatensoße gegeben. Zuletzt das Ratatouille mit Chilipulver würzen und die gehackten Kräuter hinzugeben. Zum Aufbewahren kann das kochende Gemüse in sterile Gläser gefüllt und verschlossen werden. So sollte sich das Gemüse zwei bis drei Wochen im Kühlschrank halten.

Röstbrot
40 ml Olivenöl
2 Knoblauchzehen
4 Rosmarinzweige
4 Scheiben Oberlindenbrot
Steinsalz oder Gewürzsalz

Olivenöl mit Knoblauch und Rosmarin erhitzen und die Brotscheiben darin goldbraun rösten. Anschließend zum Abtropfen auf ein Küchenkrepp geben und mit Steinsalz oder einem Gewürzsalz (siehe Grundrezepte) würzen. Das Röstbrot zur Ratatouille reichen.

Kleiner Salat mit Vinaigrette

Beim kleinen Salat besteht der Trick darin, die Vinaigrette (siehe Grundrezepte) bereits in großen Mengen vorbereitet zu haben. So muss man nicht jeden Tag von Neuem eine Salatsoße zubereiten und kann von der guten Vorarbeit zehren. Als Salat darf verwendet werden, was die Saison, der Bauer, der Gemüsehändler oder auch der Kühlschrank hergeben. Auch hier kann man etwas mehr Blattsalat waschen und hat so noch mehrere Tage etwas Vorsprung vor dem Kochalltag.

MEINE WEINEMPFEHLUNG

Weingut C. Lang
Spätburgunder Rotwein Spätlese

PORTRÄT DÜRR & MAGER

Geflügelte Idylle

Mit viel Hingabe betreiben Jasmin Dürr und Julius Mager eine Hühnerzucht im Schwarzwald, die in der Region ihresgleichen sucht

 Gleich vorweg: Wie es dazu kam, einen Betrieb für Geflügelhaltung ausgerechnet *Dürr & Mager* zu nennen, wird später erklärt. Denn zunächst soll es einmal darum gehen, wie es zu diesem Ausnahmebetrieb kam und was ihn auszeichnet.

Es war keineswegs der direkte Weg, den Julius Mager nahm, ehe er mit seiner Partnerin Jasmin Dürr auf dem weitläufigen Bauernhof ankam, den beide heute in Grafenhausen, oberhalb des Schluchsees, bewirtschaften. Julius war im Freiburger Amüsierbetrieb *Jazzhaus* für das technische Prozedere rund um die Auftritte der Live-Bands verantwortlich. Als er ausstieg, wurde er Zimmermann. Erst danach startete er seine Laufbahn als Landwirt.

Ein Seiteneinsteiger, der nicht die Brille von Agrar-Funktionären trägt, sondern das Tierwohl im Vordergrund sieht. Genau wie seine Frau Jasmin Dürr, die promovierte Biologin ist und zuvor eine landwirtschaftliche Ausbildung absolviert hat.

Unterm Dach des sich im Aufbau befindenden Hofs der beiden ist dieses Tierwohl gleich sehr eindrücklich zu sehen – dort, wo die Küken nach ihrer Ankunft unter Dachbalken warm gehalten werden, ehe sie ins Freiland „ausgestallt" werden, wie es heißt.

Die strenge Bioland-Verordnung sieht zehn Tiere pro Quadratmeter vor. „Aber das finden wir zu eng", sagen Jasmin und Julius, die sich ausgiebig Zeit für die Tiere nehmen. Drei bis vier Wochen dauert die Startphase für die Küken, die aus Österreich im Alter von einem Tag auf dem Hof ankommen. In Österreich gibt es eine etablierte Bio-Küken-Zucht.

Auf dem Hof verbringen sie insgesamt drei bis vier Monate. Die Aufzucht tut den Tieren in Sachen Gewicht und

Wertvolles Produkt: Die Sorge um das Tierwohl trägt zur Qualität der Eier von *Dürr & Mager* bei

späterem Geschmack überaus gut. Gehalten werden sie in mobilen Ställen, festen, bodenlosen Aufbauten mit Planen, die aber regelmäßig auf den elf Hektar Wiesen mit einem Schlepper auf andere Standorte verschoben werden. Dadurch regenerieren die Böden und Gras wird neu ausgesät, ehe wieder Stallungen darauf Platz finden.

Als Futter gibt es das natürliche Gras der Wiesen und das Getreide von der Dachswanger Mühle bei Freiburg. Die Lage des Hofs ist nicht nur malerisch, sie ist auch klimatisch von Bedeutung für das Aufwachsen des Geflügels: Anders als an der früheren Adresse in der Tuniberggemeinde Munzingen setzen den Tieren im Hochsommer nur selten Temperaturen über 30 Grad zu.

Im Jahr 2012 hatten Jasmin und Julius ihren ersten Betrieb am alten Standort in Munzingen eröffnet. 2016 ergab sich dann die Gelegenheit zum Umzug in den Schwarzwald. Eine schwierige Nachfolgeregelung auf einem Hof, der früher Kühe beherbergte, machte es möglich. Nach der Inschrift auf dem Kachelofen stammt das Anwesen aus dem Jahr 1849. Eingeschränkte Erweiterungsmöglichkeiten in Munzingen, aber auch steigende Nachfrage für das Qualitätsgeflügel machten den Umzug nötig.

Die Hähnchen gehen heute an ausgewählte Restaurants, Bioläden, Metzgereien und Cateringfirmen und werden freitags an einem Stand auf dem Freiburger Münstermarkt verkauft. Mit allem, was ein Landwirt an diesem Platz liefern kann: Informationen darüber, wie sein Produkt entsteht, ein nettes Gespräch und für gute Bekannte auch ein Gläschen Wein. „Er kam, sah und eroberte unser Herz", erinnert sich Oliver Rausch heute lachend über die ersten Begegnungen der Familie Rausch mit Julius in dessen Heimatort Munzingen. Aus der einstigen Geschäftsbeziehung ist längst innige Freundschaft geworden.

Und was als Empfehlung eines Bekannten, ab und zu mal sehen beim Hofverkauf und von Klaus Vorgrimmler mitgebrachtes Geflügel begann, hat sich auch auf der Speisekarte im *sHerrehus* durchgesetzt. Dort ersetzte Oliver die für ihn ethisch nicht mehr tragbaren Gänsestopf-Erzeugnisse durch Hühnerleber von *Dürr & Mager*. Der Geschmack und die Qualität des Geflügels seien ohnehin „Wahnsinn", sagt er. „Erst recht, wenn man weiß, wie die beiden mit ihren Tieren umgehen." Bei Anne indes zeigt sich in der Verarbeitung des wertvollen Tieres, dass niemals von einem zu teuren Produkt die Rede sein kann. Im Alltag muss es darum gehen, ein Huhn perfekt als Ganzes zu verwerten. Und wer begreift, dass man von einem Huhn von *Dürr & Mager* gute drei Tage fürstlich speisen kann, der weiß dieses noch mehr zu schätzen.

Insgesamt bewirtschaften die beiden siebzehn Hektar, sechs davon Ackerland. Neben den mobilen Hühnerställen werden auch einige Gänse aufgezogen, nicht das Hauptgeschäft von *Dürr & Mager*, eher ein saisonales im

PORTRÄT DÜRR & MAGER

Herbst und Winter. Es mag harte Arbeit sein, Platz für bis zu 3 000 Hühner zu beackern und jeden Montagmorgen 150 bis 200 davon beim zwei Täler entfernten Betrieb Ebner zur Schlachtung zu bringen – für die Tiere ist es zumindest bis zum besagten Montag das pure Idyll: Morgens verlassen sie den Stall, für das Futter und zum nächtlichen Schutz kommen sie zurück. Es gibt keinen einzigen Zaun auf dem Gelände, die Hühner machen mittags das, was Julius „Siesta-Time" nennt. Nicht nur der Geschmack der späteren Hähnchen, auch das Bild, das sie auf dem Gelände abgeben, erinnert an eine Landwirtschaft, wie sie allenfalls noch unsere Großeltern gekannt haben: Hühner, die auf freier Wiese unter einem schattigen Baum liegen oder sich ein Sandbad in den Boden hacken, um das Federkleid zu reinigen. Lauter Dinge, die in der Massentierhaltung und im industriellen Schlachten nicht mehr möglich sind. Im Stall gibt es Strohhaufen für die Tiere, die jüngeren dürfen das Geschehen von einer Stange an der Stallwand wie von einer Art Tribüne betrachten. Einmal die Woche werden effektive Mikroorganismen auf den Boden aufgebracht, ein Stallhygienekonzept, das ein günstiges Milieu schafft und verhindert, dass sich Schadorganismen ausbreiten. Dafür sorgt übrigens auch ein intaktes Ökosystem mit einer ungewöhnlichen Artenvielfalt an Blüten und Insekten entlang der Wiesen im Frühjahr.

Vor allem aber hat man das Gefühl, dass Jasmin und Julius jedes ihrer Hühner, wie soll man sagen, „persönlich" kennen. „Es ist wichtig, dass wir regelmäßig nach den Tieren schauen", sagt Julius über das eigentlich Selbstverständliche. „Wir wollen wissen, ob es einen Grund gibt, wenn eines auf einmal hinkt, wie es um die Verdauung der Hühner bestellt ist, ob die Ballen unterhalb der Krallen gesund ausschauen."

Und wo es im konventionellen Geflügelwesen keine große Rolle spielt, ob ein Huhn viel Platz oder gar Auslauf hatte in der kurzen Zeit bis zur Schlachtung, setzen *Dürr & Mager* auf Rassen, die gesund dastehen und auf kräftigen „Beinen" viele Kilometer im Freien zurücklegen können. Ob es „glückliche Hühner" sind, wie es einst hieß, muss man sich auf diesem Hof nicht fragen, es ist unübersehbar. Die Tiere sehen durchweg gesund aus, sind sauber und fidel. Ach ja, der Name noch: Es mag vielleicht kein Zufall gewesen sein, dass Jasmin Dürr und Julius Mager sich trafen, die Namenskombination für ihre Bioland-Freilandhaltung war es. Dass sie einfach die beiden Zunamen für das Firmenlogo nahmen, war ein naheliegender Einfall, kein Gag. Freunde haben sie dann erst darauf aufmerksam gemacht, dass *Dürr & Mager* ein ziemlich lustiger Name für einen Geflügelbetrieb sei. Weil die Tiere alles sind, nur eben nicht dürr und mager. Diese Attribute finden sich lediglich auf dem Etikett.

Jung und Alt im Hühnerstall

Julius Mager kennt seine Tiere und begutachtet sie regelmäßig

UND TÄGLICH GRÜSST DAS HÜHNERTIER

UND TÄGLICH GRÜSST DAS HÜHNERTIER

Huhn mit Schmorgemüse aus dem Ofen

Schmorgemüse
400 g Karotten in Stücken
200 g Knollensellerie in Stücken
200 g Kohlrabi in Stücken
200 g Schalotten in Stücken
Thymianzweige
Rosmarinzweige
Steinsalz
2 EL Olivenöl

Huhn
1 Zitrone
je ½ Bund Thymian, Salbei und Rosmarin
1 Huhn, küchenfertig, ca. 2,4 kg
100 ml Olivenöl
1 EL Paprikapulver
½ EL Pfeffer, zerstoßen
1 EL Steinsalz

Gemüse und Kräuter mit Steinsalz und Olivenöl würzen. Das Gemüse zum Huhn in die Kasserolle geben und garen. Zum einen wird der Fond, der aus dem Huhn austritt, vom Gemüse aufgenommen, zum anderen gibt das Gemüse sein Aroma an das Huhn ab. Dieses Essen ist ein wahres Festmahl und gelingt am besten mit exzellenten Grundprodukten. Dieser Philosophie entspricht jedes der Gerichte in diesem Buch: Nur was wir an guten und wertvollen Produkten in den Topf geben, bekommen wir als Erlebnis zurück.

Die Zitrone vierteln und zusammen mit Kräutern in die Hühnerkarkasse füllen. Aus den restlichen Zutaten eine Marinade anrühren und damit das Huhn einreiben. Nun das Huhn in eine große Kasserolle legen und bei 140 °C ca. 45 Minuten in den Ofen stellen. Danach das Schmorgemüse in die Kasserolle geben und die Temperatur auf 180 °C erhöhen. Das Ganze weitere 30 Minuten garen und immer wieder mit dem ausgetretenen Fett beträufeln. Die Garzeiten können je nach Ofen und Größe des Huhns stark variieren. Wenn das Huhn gar ist, lassen sich die Keulen leicht vom Körper lösen. Wenn man sich unsicher ist, einfach ein Stück probieren. Auch das Gemüse sollte schön weich geschmort sein. Den ausgetretenen Fond mithilfe von Küchenkrepp etwas entfetten, mit Salz würzen und als Soße verwenden.

Kimchi

- 2 kg Chinakohl
- 150 g Meersalz
- 300 ml Wasser für Salzlake
- 50 ml Wasser
- 1 TL Speisestärke
- 100 g Karotten, geraspelt
- 100 g weißer Rettich, geraspelt
- 200 g Frühlingslauch, geschnitten
- 100 g rote Paprika, geraspelt
- 20 g Knoblauch, geschnitten
- 60 g Ingwer, geschnitten
- 40 g Chiliflocken
- 1 TL Piment d'espelette
- 1 TL Rohrohrzucker
- 50 ml Fischsoße

Den Chinakohl der Länge nach mit Strunk in Stücke schneiden und waschen. Danach Meersalz in 300 ml Wasser auflösen und den Kohl in dieser Salzlake zwei bis drei Stunden einlegen. In der Zwischenzeit die 50 ml Wasser mit der angerührten Speisestärke binden und mit den restlichen Zutaten zu einer Marinade vermengen. Nun den Kohl aus der Lake nehmen und mit kaltem Wasser abspülen. Anschließend in ca. 5 cm große Stücke schneiden und mit der Marinade vermengen. Diese Mischung in einen Gärtopf oder in Einmachgläser füllen. Das Kimchi nun an einem konstant warmen Ort (ca. 20 °C) lagern bis es zu gären beginnt. Dies kann bereits nach ein bis zwei Tagen der Fall sein. Sobald die Gärung abgeschlossen ist, sollte das Glas verschlossen und das Kimchi in den Kühlschrank gestellt werden. Nach zehn bis vierzehn Tagen kann das Kimchi verzehrt werden. In Korea wird Kimchi schon zum Frühstück gegessen. Es ist ein perfekter Vitamin-C-Lieferant. Im Kühlschrank gelagert, hält sich das Kimchi über Monate hinweg und dient als Power Food für die kalte Jahreszeit.

Chicken-Sandwich

- 8 Scheiben Oberlindenbrot
- Kimchi, in Streifen
- 160 g Hühnerfleisch, gezupft
- Sauerrahm-Mayonnaise

Die Brotscheiben leicht toasten und mit Kimchi-Streifen belegen. Das gezupfte Hühnerfleisch (vom Flügel, der Karkasse oder den Keulen) mit der Sauerrahm-Mayonnaise vermengen und auf eine Brotscheibe geben. Diese wiederum mit einer Brotscheibe bedecken und mit Spießen fixieren. Diese Sandwichvariante ist perfekt, um auch den letzten Bissen von wertvollem Hähnchenfleisch lecker zuzubereiten.

MEINE WEINEMPFEHLUNG

Weingut Landmann
Edition S

UND TÄGLICH GRÜSST DAS HÜHNERTIER

Hühnerbrühe Ramen Style

Hühnerbrühe
Karkasse und Knochen eines Huhns
20 ml Sesamöl
80 ml salzarme Sojasoße
1,5 l Wasser
1 Zimtstange
1 Sternanis
100 g Zwiebeln mit Schale
100 g Karotten
1 Orange
30 g Ingwer, geschält
Steinsalz
Pfeffermischung (Grundrezept Oliver Rausch)

Karkasse und Knochen des Huhns mit Sesamöl im Topf anrösten. Mit Sojasoße und Wasser ablöschen, Gewürze und Gemüse zugeben und ca. zwei Stunden leicht köcheln lassen. Eventuell etwas Wasser nachfüllen, um die Zutaten besser auslaugen zu können. Die Brühe durch ein feines Tuch passieren und im Topf auf etwa 800 ml reduzieren. Zuletzt nach Gusto mit Salz und Pfeffer würzen und damit die Ramen-Nudeln aufgießen.

Ramen-Nudeln
350 g Mehl Typ 550
3 g Kurkuma
6 g Kaiser-Natron
10 g Steinsalz
3 Eier
etwas Wasser, falls der Teig zu fest wird

Aus den Zutaten einen glatten Nudelteig erstellen und diesen in Folie einschlagen. Den Teig anschließend mindestens eine Stunde in den Kühlschrank geben. Anschließend mithilfe einer Nudelmaschine in dünne Blätter rollen und diese in feine Streifen schneiden. Die Ramen-Nudeln schließlich in kochendem Salzwasser etwa drei Minuten garen und direkt auf den Teller geben.

Suppeneinlage
fermentierter Ingwer (Grundrezept Oliver Rausch)
übrig gebliebenes Hühnerfleisch
4 Stangen Frühlingslauch

Zunächst Ingwer in feine Streifen, Hühnerfleisch in kleine Stücke und Frühlingslauch in dünne Ringe schneiden. Alle Zutaten werden im Anschluss mit den Ramen-Nudeln auf den Teller gegeben und mit der heißen Hühnerbrühe aufgegossen.

RAUSCH DAS HUHN

Hühnergeschnetzeltes mit Pfifferlingen und Spargel

Hühnerrahmsoße
500 ml Hühnerbrühe
100 ml Sahne
Speisestärke
Steinsalz
Pfeffer

Die Hühnerbrühe auf die Hälfte reduzieren und mit Sahne auffüllen. Speisestärke mit kaltem Wasser anrühren und die Soße damit sämig binden. Nach Gusto mit Steinsalz und Pfeffer würzen.

Einlage
400 g Hühnerfleisch aus der Keule, gegart
200 g Pfifferlinge, geputzt
20 g Butter
Steinsalz
Pfeffer
400 g Spargel, gegart
40 g Schnittlauch, geschnitten

Zunächst Hühnerfleisch in Streifen zupfen und bereitstellen. Anschließend Pfifferlinge in Butter anbraten und würzen sowie Spargel in Stücke schneiden und zu den Pfifferlingen geben. Nun das Fleisch in der Hühnerrahmsoße erwärmen und anrichten. Dazu Pfifferlinge und Spargel auf das Geschnetzelte geben und mit Schnittlauch bestreuen. Wer in diesem Fall kein gegartes Fleisch hat, kann natürlich auch etwas Hähnchen frisch anbraten. Das Aroma ofengegarter Hähnchen ist jedoch unschlagbar.

RUND UMS BROT

RUND UMS BROT

TIPP

Pickles

Bei den Pickles sind der Fantasie keine Grenzen gesetzt. „Einlegen, was Spaß macht", ist die Devise. Zu unserem Vesper haben wir Tomaten mit Zwiebeln, Salatgurken mit Koriander und Wacholder, Radieschen, geschmorte Zwiebeln, Rettichnudeln mit Umeboshi, Paprika mit Zwiebeln sowie Blumenkohl mit Ras el hanout eingelegt. Das Prinzip ist immer gleich und der Geschmack immer wieder ein Erlebnis.

Eigene Pickles

Grundlake für Pickles
200 g Gemüse
200 ml warmes Wasser
40 ml Essig (Rotweinessig, Apfelessig, Reisessig, Weißweinessig usw.)
10 g Rohrohrzucker
10 g Steinsalz

Gemüse in gewünschte Form bringen und aus den restlichen Zutaten eine Lake herstellen. Hierfür die genannten Zutaten miteinander vermengen. Anschließend das einzulegende Gut in ein Einmachglas oder einen Einmachtopf geben und mit der Lake bedecken. Die Pickles schließlich in den Kühlschrank stellen, und schon nach zwei bis drei Tagen kann das saure Gemüse genossen werden.

Chilibutter

250 g weiche Butter
Salz
Paprikapulver
1 TL Tomatenmark
1–3 TL Chiliflocken
Zitronenabrieb

Weiche Butter zusammen mit etwas Salz, Paprikapulver, Tomatenmark, Zitronenabrieb und Chiliflocken mit der Rührmaschine oder dem Handrührgerät gut vermengen. Je nach Geschmack kann mehr Salz und Chili dazugegeben werden. Die Butter in ein Glas abfüllen oder mithilfe von Folie zu einer Rolle formen. Diese Chilibutter eignet sich gut zum Einfrieren. Sie schmeckt am besten mit frischem Brot, passt aber auch hervorragend zu Fleisch und Grillgerichten.

Gewürzsalze

Salz mit Schnittlauch und Pfeffer
50 g Schnittlauch
1 EL Pfefferkörner
50 g schwarzer Sesam
100 g grobes Meersalz
150 g Sea Salt Flakes

Schnittlauch, Pfefferkörner, Sesam und das Meersalz im Mixer pürieren. Danach die Sea Salt Flakes mit der Hand untermischen. Im Anschluss das Salz in Gläser füllen und verschlossen im Kühlschrank aufbewahren. Es kann zum täglichen Würzen oder aber auch auf Brot mit Gemüse genossen werden.

Salz mit Zitrone und Ingwer
80 g Ingwer, geschält
Schale von zwei Zitronen
1 EL Piment d'espelette
100 g grobes Meersalz
150 g Sea Salt Flakes

Ingwer, Zitronenschale, Piment d'espelette und grobes Meersalz im Mixer pürieren. Danach die Sea Salt Flakes mit der Hand untermischen. Im Anschluss das Salz in Gläser abfüllen und verschlossen im Kühlschrank aufbewahren. Es kann zum täglichen Würzen oder auf gebratenem Fisch oder Fleisch genossen werden.

Salz mit Orange und Lorbeer
Schalen von zwei Orangen
20 frische Lorbeerblätter
40 Wacholderbeeren
100 g grobes Meersalz
150 g Sea Salt Flakes

Orangenschale, Lorbeerblätter, Wacholder und grobes Meersalz im Mixer pürieren. Danach die Sea Salt Flakes mit der Hand untermischen. Im Anschluss das Salz in Gläser abfüllen und verschlossen im Kühlschrank aufbewahren. Es kann zum täglichen Würzen oder auf gebratenem Fisch oder Fleisch sowie Risotto oder Pasta genossen werden.

RUND UMS BROT

Grünkern-Bohnen-Aufstrich

50 g Zwiebeln, gewürfelt
1 Knoblauchzehe
50 g Knollensellerie, geschält und gewürfelt
1 EL Olivenöl
20 ml Hopfen-Balsamessig
100 g Kidneybohnen, gekocht
100 g Grünkern, gekocht
200 ml Gemüsebrühe
Rosmarin
Thymian
Majoran
Muskatnuss
Steinsalz

Zwiebeln, Knoblauch und Sellerie in Olivenöl andünsten und mit Essig ablöschen. Bohnen und Grünkern zugeben und mit Brühe auffüllen. Kräuter hacken, ebenfalls hinzufügen und mit etwas Muskat und Salz würzen. Die Masse köcheln lassen, bis eine breiige Konsistenz entsteht. Diese nun im Mixer fein pürieren. Die noch heiße Masse in sterile Gläser füllen und im Kühlschrank lagern. Dies ist eine würzige Alternative zu den gewöhnlichen Wurstaufstrichen, aber ohne jegliche Zusatzstoffe.

Linsenaufstrich

600 g Tomaten
100 g Zwiebeln
300 g Linsen
3 EL Tomatenmark
1 EL Haselnussöl
1 EL Balsamico
1 l Gemüsebrühe
Majoran, Petersilie
Muskatnuss
Gemüsesalz
Steinsalz, Pfeffer
Paprikapulver

Zunächst Tomaten waschen, Strunk entfernen und würfeln. Anschließend Zwiebeln schälen und klein schneiden. Nun Linsen mit Zwiebeln und Tomaten in etwas Öl andünsten, Tomatenmark dazugeben und leicht anrösten. Das Ganze mit Balsamico und Gemüsebrühe ablöschen. Die Masse schließlich gut kochen lassen bis die Linsen ganz weich sind und dabei immer wieder mit etwas Gemüsebrühe aufgießen. Sobald die Linsen gar sind, Kräuter hacken und dazugeben. Zuletzt die Linsen im Mixer fein pürieren und mit Gewürzen und Steinsalz würzen. Die heiße Masse wird in sterile Gläser gefüllt und verschlossen. Der Aufstrich schmeckt lecker als fleischlose Alternative am Vespertisch.

Käseauswahl von den Jumis und dem Ringlihof

Die Jumis (www.jumi.lu)

Sommerhimu
Halbharter Käse mit Edelschimmel

Hanfmutschli
Halbharter Kuhmilchkäse mit Hanfsamen

Junger Emmentaler
Hartkäse aus Kuhmilch

Dr. Bsoffnig
Halbharter Kuhmilchkäse mit Rotwein und Trester

La Sangleé des couardise
Weichkäse aus Kuhmilch

Ringlihof (www.ringlihof.de)

Ziegenfrischkäse
frisch und mild aus Ziegenmilch

Gizzi
feiner Camembert aus Ziegenmilch

RUND UMS BROT

Kräuterbutter

- 1 EL Schnittlauch, geschnitten
- 1 EL Blattpetersilie, geschnitten
- 1 EL Majoran, geschnitten
- 1 EL Estragon, geschnitten
- 1 EL Salbei, geschnitten
- 1–2 Knoblauchzehen, fein gehackt
- 250 g weiche Butter
- 1 TL Dijon-Senf
- 1 TL Steinsalz
- Pfeffer

Die weiche Butter mit Senf, Kräutern, Knoblauch, etwas Salz und Pfeffer in der Rührmaschine oder mit dem Handrührgerät gut vermengen. Die Butter schließlich abschmecken und nach Belieben etwas Knoblauch, Salz oder Senf dazugeben. In ein Glas abfüllen oder mithilfe von Folie zu einer Rolle formen. Diese Kräuterbutter eignet sich gut zum Einfrieren. Sie schmeckt am besten mit frischem Brot, passt aber auch hervorragend zu Fleisch, Gemüse, Pasta oder Grillgerichten.

MEINE BIEREMPFEHLUNG

Privatbrauerei Waldhaus
Hopfensturm

RAUSCH VESPER

Salzhöhlen-Coppa und Rindfleisch

Salzhöhlen-Coppa
Der Coppa reift in einem alten Salzbergwerk in der Gemeinde Wieden im schönen Münstertal. Dieser Schinken muss sich nicht hinter den spanischen oder italienischen Pendants verstecken. Sein herrlicher Schmelz und sein tolles Aroma bereichern jede Tafel.

Rindfleisch (Düre bi rot)
Das getrocknete Rindfleisch mit seiner besonderen Würzmischung ist ein hervorragendes Produkt unserer Schweizer Freunde von Jumi aus Bern. Dünn aufgeschnitten entfaltet es ein traumhaftes Aroma.

Schwarzwald-Salami

Glücklich kann sich jener schätzen, der seine eigene Salami nach ganz eigenen Vorstellungen kreieren darf. Wir dürfen dies zusammen mit der Metzgerei Kaltenbach und möchten unsere Liebe zur Region mit einer eigens dafür abgestimmten Salami zum Ausdruck bringen. Bestes Schweinefleisch vom Hofgut Silva, Rindfleisch aus dem Schwarzwald, Kirschen sowie Fichtensprossen ergeben das perfekte Zusammenspiel. Eine Wertschätzung unserer Region, die wir so lieben.

RAUSCH GRUNDREZEPTE

Fleischbrühe

(wahlweise vom Geflügel, Kalb, Rind, Lamm oder Wild)
1 kg Knochen oder Karkassen
200 g Zwiebeln
100 g Karotten
100 g Knollensellerie
100 g Steinchampignons
2 Knoblauchzehen
30 ml Rapsöl
500 ml Weißwein
Thymian
Petersilie
Lauch
Rosmarin
5 l Wasser

Knochen bzw. Karkassen im Ofen bei 180 °C goldbraun rösten. Danach das ausgetretene Fett abnehmen. Gemüse in wenig Öl leicht rösten und mit Weißwein ablöschen. Dabei den Wein verkochen lassen und die Kräuter sowie das Wasser zugeben. Das Ganze bei schwacher Hitze ca. drei Stunden simmern lassen. Den Fond nach der Kochzeit durch ein feines Tuch passieren und gegebenenfalls reduzieren. Gewürze und Salz je nach weiterer Verwendung zugeben.

> **TIPP**
> Wird Brühe angesetzt, sollte man immer gleich eine größere Menge zubereiten. In passenden Behältern eingefroren schlummert so immer eine Portion extra Power in der Gefriertruhe.

Gemüsebrühe

Wenn Sie beim Kochen „Gemüseabfälle", wie zum Beispiel Zwiebelschalen, Kerngehäuse von Paprika, Karottenschalen, Champignonstiele, Lauchreste oder die Schale von Knollensellerie haben, dann müssen diese nicht zwingend in der Biotonne landen.
Wenn Sie bei Ihrem Einkauf darauf achten Bio- bzw. Demeter-Produkte zu wählen, spricht absolut nichts dagegen, mit diesem vermeidbaren „Abfall" ebenfalls ein wertvolles Küchenprodukt zu zaubern.

Waschen Sie ihr Gemüse gründlich, bevor Sie es schälen. Wenn nötig, nehmen Sie eine Gemüsebürste zu Hilfe. Geben Sie die „Reste" in einen großen Topf und gießen mit kaltem Wasser auf bis alles gut bedeckt ist. Lassen Sie die Gemüsebrühe 10 Minuten köcheln. Dann passieren Sie die Brühe und füllen sie in Flaschen oder Gläser. Wichtig ist, dass Sie die Gefäße heiß verschließen, damit ein Vakuum entsteht. So ist die Brühe etwa zehn Tage im Kühlschrank haltbar. Sie eignet sich aber auch prima zum Einfrieren. Statt mit Wasser können Sie jetzt mit Ihrer eigenen Gemüsebrühe kochen. Sie eignet sich zum Ablöschen oder auch zum Würzen, für Dressings und vielem mehr.

RAUSCH GRUNDREZEPTE

Gemüsepower

    200 g Knollensellerie
    300 g Karotten
    200 g rote Paprika
    200 g Zwiebeln
    300 g Steinsalz
    20 g Kurkumawurzel
    Küchenkräuter

Gemüse waschen, schälen und in grobe Stücke zerkleinern. Küchenkräuter ebenfalls waschen und zupfen. Anschließend Salz mit Gemüsestücken, Kurkuma und Kräutern im Mixer pürieren. In Gläser abgefüllt, hält sich die Gemüsepaste einige Wochen. Sie eignet sich jedoch auch gut zum Einfrieren. Diese Gemüsepower ist perfekt für Suppen, Dressings, Fleisch- und Pastagerichte.

> **TIPP**
> Je hochwertiger das Gemüse, desto leckerer das Ergebnis.

Tomatenpower

    800 g frische Tomaten
    400 g Steinsalz
    Thymian
    Rosmarin
    Majoran
    80 g Tomatenmark
    10 g Pfefferkörner

Tomaten waschen, vierteln und den Strunk entfernen. In den Mixer geben und mit Salz, Gewürzen und Kräutern pürieren. In Gläser abgefüllt, hält sich die Paste einige Wochen. Sie eignet sich auch gut zum Einfrieren. Ein absoluter Alleskönner für Dressings, Pasta- und Fleischgerichte.

> **TIPP**
> Kochen Sie einen Vorrat dieser Tomatenpower in der Tomatenzeit. Dann reicht sie eingefroren das ganze Jahr lang.

Vinaigrette für jeden Tag

    100 g Dijon-Senf, fein
    60 g Meerrettich
    100 ml Gemüsebrühe
    200 ml Olivenöl
    350 ml Sonnenblumenöl
    130 ml weißer Balsamessig
    Steinsalz
    Pfeffer

Alle Zutaten in eine ausreichend große Flasche geben, sodass noch genügend Platz zum kräftig Schütteln bleibt. Die Vinaigrette gegebenenfalls mit Pfeffer und Steinsalz nachwürzen. Sie hält sich drei bis vier Wochen im Kühlschrank. Gerne können die Öle und der Essig nach eigenem Geschmack variiert werden. Wenn die fertige Vinaigrette schon bereitsteht, ist ein leckerer Salat zu jeder Mahlzeit nur noch eine Frage weniger Minuten.

Danke

Ein spezieller Dank

geht an die **Schloss Reinach GmbH & Co. KG** und die **Familie Gessler** dafür, dass wir ihre Räumlichkeiten als Fotostudio und Produktionsort nutzen konnten, und vor allem für die Unterstützung als Förderer, Motivatoren, Freunde und Familie.

Von ganzem Herzen danken wir:

Christian Koch für beste Freundschaft, großes Herz und jahrelange Motivation. Danke, dass du ein Teil unserer Familie bist.

Attila Jozsef für sein Auge, seine Ruhe und für seine Freundschaft. Es war ein wundervoller Weg mit dir als tollem Begleiter.

Rudi Raschke für seinen Humor, seine Beratung und die Auswahl der Worte. Es ist schön, in dir einen Freund gefunden und schöne Tage „on the road" gehabt zu haben.

Christian Jungbluth und **Matthias Boecker** für das In-Form-Setzen und Hinterfragen unserer Ideen. Kreativität kennt keine Grenzen – Layouts schon …

Karin Demirel für das Brainstorming der besonderen Art, die Entwicklung und Umsetzung unserer Logos und Vorstellungen.

All den Freunden und Produzenten, die wir in diesem Buch präsentieren durften. Danke für euer Vertrauen in uns und unsere Arbeit. Es ist schön zu wissen, von wem man seine Lebensmittel und mehr bezieht. Ihr alle habt uns und unser Leben maßgeblich mitverändert. Den Menschen in unserem Leben, die den Funken für unsere Interessen und Motivationen entfacht haben, der uns heute für Gutes und Nachhaltiges begeistert. Egal ob Großeltern, Eltern, Freunde, Bekanntschaften oder flüchtige Begegnungen, ihr alle sorgt dafür, dass wir unsere Heimat im Herzen tragen.

Unseren Kindern für ihr grenzenloses Verständnis gegenüber der Leidenschaft ihrer Eltern und für die Geduld bei Terminen, Fotoshootings und Interviews. Und natürlich fürs Aushalten von gesunder Küche, viel Gemüse und Essen als einem der zentralen Themen in der Familie.

Anne und Oliver Rausch

Zudem wurden wir unterstützt von:
Rosenthal GmbH, Selb
Mania GmbH Serax, Osterburken
Schaffer & Co. KG, Freiburg im Breisgau
Hadermann Glas-Design & Manufaktur,
    Beringen, Schweiz
Julabo GmbH, Seelbach
Edeka Handelsgesellschaft Südwest mbH, Offenburg
Südstar GmbH, Freiburg im Breisgau
Anwaltskanzlei Peter Unmüssig, Gundelfingen
Steimel GmbH, Achern
Umweltschutzamt Stadt Freiburg,
    Freiburg im Breisgau
Steuerbüro Sandra Isele-Mohr, Ebringen
Deutsche See GmbH Niederlassung Freiburg,
    Freiburg im Breisgau
Rungis Express GmbH, Meckenheim

Glossar

Agar / Agar Agar	Aus Algen gewonnenes Geliermittel, das seine Gelierfähigkeit bis 80 °C beibehält.
Basilikumsamen	Schwarzer Samen des Basilikums, der eine hohe Quellfähigkeit aufweist.
Belper Knolle	Frischkäsezubereitung der Käserei Jumi (Schweiz). Mit Knoblauch und Pfeffer, zum Hobeln geeignet.
Bergamotte	Gattung von Zitruspflanzen, deren ätherische Öle sehr begehrt sind.
Binden	Einrühren von pulverförmigen Zutaten wie Speisestärke in kalte Flüssigkeiten, bevor sie heißen Gerichten zum Abdicken zugefügt werden.
Blanchieren	Kurzes Garen in kochendem Wasser, mit anschließendem Abkühlen in Eiswasser.
Blaue Garnele	Garnelen aus Neukaledonien, die im Vergleich zur handelsüblichen Ware 8 statt 4 Monate wachsen dürfen.
Braune Butter	Butterzubereitung mit nussigem Aroma. Butter wird so lange erhitzt, bis sie haselnussbraun wird. Die gestockte Molke wird passiert.
Burrata di bufala	Burrata ist eine Sonderform des Mozzarellas mit flüssigem Sahnekern.
Choya Plum	Japanischer Pflaumenwein aus der Ume-Frucht.
Coulis	Natürliches, nicht gewürztes Püree aus Früchten oder Gemüse.
Demerara-Zucker	Überbegriff für Rohrzucker mit einem Melassegehalt von 2 bis 3%.
Eiweißpulver	Getrocknetes Eiweiß zur Verwendung mit Säften und Backzubereitungen.
Fichtensprossen	Junge Triebe der Schwarzwald-Fichten.
Filetkopf	Teilstück eines Filets vom Rind, Kalb oder Hirsch. Weitere Teile sind die Filetspitze und das Filetmittelstück.
Fregola Sarda	Pastaspezialität aus Sardinien, geröstete Nudelkörner.
Glasieren	Fleisch, Fisch oder Gemüse mit gebundenem Fond oder Butter überziehen.
Glukose	Aus Stärke durch hydrolytische Aufspaltung gewonnene Lösung. Auch Bonbon-Sirup genannt.
Granita	Gefrorenes Gericht, traditionell aus Saft, Wasser und Sirup hergestellt.
Gurkengeist	Brand von Gurken von *Faude Feine Brände*.
Hanfmutschli	Kuhmilchkäse der Käserei Jumi aus der Schweiz, mit gerösteten Hanfsamen.
He-Loin	Das Rückenfilet eines Fischfilets. Gegenstück ist das She-Loin (Bauch).
Hutzeln	Auch Dörrbirnen genannt, traditionell in Früchtebrot enthalten.
Iota	Extrakt aus roten Algen, der ein weiches, elastisches Gel erzielt und auch für heiße Zubereitungen verwendet werden kann.
Julabo-Wasserbad	Wasserbad für Sous-vide-Zubereitungen, welches über längeren Zeitraum konstante Temperaturen gewährleistet.
Karkassen	Das Gerippe von Geflügel oder Fisch nach dem Auslösen des Fleischanteils.
Knollenziest	Auch Chinesische Artischocke oder Stachy genannt. Aus der Familie der Lippenblütler. Verwendet werden die Wurzelknollen.
Kuvertüre	Schokolade mit hohem Kakaobutteranteil. Wird zum Herstellen von Schokoladenzubereitungen verwendet.
Läuterzucker	Zuckersirup, der aus Wasser und Zucker zu gleichen Teilen hergestellt wird. Dabei werden Wasser und Zucker auf 102 °C erhitzt.
Muscovado-Zucker	Unraffinierter Rohrzucker mit hohem Melasseanteil. Stark malziger Geschmack.
Oberlindenbrot	Eigenname eines Natursauerteig-Brotes der Bäckerei Pfeifle in Freiburg.
Pacojet	Maschine zur Herstellung von Speiseeis und anderen fein gemixten Zubereitungen.
Pacossieren	Vorgang beim Verwenden des *Pacojet*.
Propolis	Von Bienen hergestellte harzartige Masse mit antibiotischer und antiviraler Wirkung.
Rattenschwanz-Radieschen	Unreife Samenschoten einer radieschenähnlichen Pflanze.
Rosmarinholz	Geäst vom Rosmarinstrauch ohne Blätter
Shisoblätter	Sesamblatt aus der Familie der Lippenblütler. Oft verwendet in der japanischen Küche.
Silpat-Matten	Nicht haftende Silikonbackmatte.
Taggiasca-Oliven	Kleine Olivenart, die in Salzlake reift und anschließend in Olivenöl eingelegt wird.
Togarashi-Chili	Japanische Gewürzmischung aus Chilischoten, Mandarinenschale, Sesamsamen, Mohnsamen, Hanfsamen und Noriblättern.
Vorzugsmilch	Bezeichnung für rohe Milch, die nur gefiltert und gekühlt wurde.
Xanthan	Aus fermentierter Stärke hergestelltes Verdickungsmittel.

RAUSCH GRUNDREZEPTE

Nudelteig

500 g Mehl Typ 550
230 g Eigelb
45 g Eiweiß
20 ml Weißweinessig

Aus allen Zutaten in der Küchenmaschine einen Teig kneten. Den Teig vakuumieren und mindestens zwei Stunden in die Kühlung geben, damit er sich wieder entspannen kann. Dies ist der perfekte Teig für Ravioli oder andere Pasta.

Pfeffermischung

120 g Malabar-Pfeffer, ganz, schwarz
90 g langer Pfeffer, ganz
90 g Kubeben-Pfeffer, ganz
130 g Sarawak-Pfeffer, ganz, weiß
130 g Sarawak-Pfeffer, ganz, schwarz
100 g Tellicherry-Pfeffer, ganz, schwarz
100 g rosa Pfeffer, ganz
130 g Dajak-Pfeffer, ganz, weiß

Alle Pfeffersorten mischen und in kleinen Einheiten zu 100 g vakuumieren. Für den Gebrauch immer nur eine Einheit im Mixer mittelgrob mixen. Die Pfeffer verbinden sich zu einem tollen Geschmacksbild und verleihen den Gerichten eine besondere Note.

Tomatenbrühe

150 g Zwiebeln
100 g Karotten
50 g Knollensellerie
2 Knoblauchzehen
2 EL Olivenöl
2 EL Tomatenmark
1,8 kg Dosentomaten
500 g reife Tomaten
4 l Wasser
Stängel von Thymian, Rosmarin, Lauch, Basilikum

Zwiebeln, Karotten, Knollensellerie und Knoblauch in wenig Olivenöl anbraten. Tomatenmark, Dosentomaten und die Tomaten zugeben und mit dem Wasser auffüllen. Anschließend die Kräuter zugeben und die Brühe ca. drei Stunden vorsichtig simmern lassen. Nach der Kochzeit die Brühe durch ein feines Tuch passieren und gegebenenfalls noch reduzieren. Je nach Verwendung würzen und salzen.

RAUSCH GRUNDREZEPTE

Meine Vinaigrette „Blanc"

100 g Dijon-Senf (fein)
60 g Meerrettich
50 ml Tomatenbrühe (Grundrezept)
180 ml Olivenöl
250 ml Rapsöl
125 ml Nussöl
30 ml Arganöl
60 ml weißer Balsamessig
75 ml Hopfen-Balsamessig
Steinsalz
Pfeffermischung (Grundrezept)

Senf, Meerrettich und Tomatenbrühe in ein hohes Gefäß geben und mit dem Pürierstab vermengen. Nun langsam und unter stetigem Mixen die Öle zugeben. Zuletzt die Essige hinzugeben und würzen.

Meine Vinaigrette „Noir"

100 g Kirschsenf
60 g Meerrettich
50 ml Hühnerbrühe (Grundrezept)
180 ml Sonnenblumenöl
250 ml Rapsöl
125 ml Nussöl
30 ml Hanföl
140 ml Schwarzwald-Balsamico
Steinsalz
Pfeffermischung (Grundrezept)

Senf, Meerrettich und Hühnerbrühe in ein hohes Gefäß geben und mit dem Pürierstab vermengen. Nun langsam und unter stetigem Mixen die Öle zugeben. Zuletzt den Balsamessig hinzugeben und würzen.

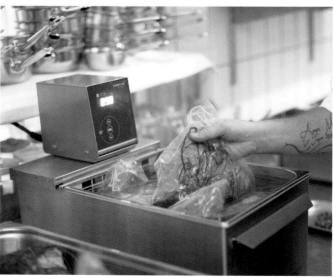

RAUSCH GRUNDREZEPTE

Fleischfond

(wahlweise von Geflügel, Kalb, Rind, Lamm oder Wild)
1 kg Knochen oder Karkassen
30 ml Rapsöl
200 g Zwiebeln
100 g Karotten
100 g Knollensellerie
100 g Steinchampignons
2 Knoblauchzehen
500 ml Weißwein
Thymian, Petersilie, Lauch, Rosmarin
5 l Wasser

Die Knochen bzw. Karkassen im Ofen bei 180 °C goldbraun rösten. Danach das ausgetretene Fett abnehmen. Das Gemüse in wenig Öl leicht rösten und mit Weißwein ablöschen. Dabei den Wein verkochen lassen und die Kräuter sowie das Wasser zugeben. Das Ganze bei schwacher Hitze ca. drei Stunden simmern lassen. Den Fond nach der Kochzeit durch ein feines Tuch passieren und gegebenenfalls noch reduzieren. Gewürze und Salz je nach weiterer Verwendung zugeben.

Helle Hühnerbrühe

1,5 kg gehackte Hühnerkarkassen
150 g Zwiebeln
100 g Karotten
50 g Knollensellerie
100 g Steinchampignons
500 ml Weißwein
4 l Wasser
Thymian, Petersilie, Lauch, Rosmarin

Die Hühnerkarkassen bei 150 °C im Ofen ohne zu rösten erhitzen bis das Fett austritt. Die Karkassen vom Fett trennen und mit den restlichen Zutaten in einen Topf geben. Die Brühe ca. drei Stunden bei niedriger Temperatur simmern lassen. Nach der Kochzeit durch ein feines Tuch passieren und eventuell reduzieren. Je nach Verwendung würzen und salzen.

RAUSCH GRUNDREZEPTE

Fleischjus

(wahlweise von Geflügel, Kalb, Rind, Lamm oder Wild)
2 kg Knochen oder Karkassen
30 ml Rapsöl
200 g Zwiebeln
100 g Karotten
100 g Knollensellerie
1 EL Tomatenmark
100 ml Balsamessig traditionell
500 ml roter Portwein
500 ml Rotwein
5 l Fond (je nach Zubereitung)

Die Knochen bzw. Karkassen im Ofen bei 180 °C goldbraun rösten. Danach das ausgetretene Fett abnehmen. Das Gemüse in wenig Öl leicht rösten und danach mit Tomatenmark tomatisieren. Das Mark dunkel rösten und mit Balsamessig ablöschen. Den Essig verkochen lassen und anschließend Portwein und Rotwein hinzugeben. Die Weine ebenfalls vollständig verkochen lassen und mit Fond auffüllen. Die Jus bei schwacher Hitze mindestens drei Stunden simmern lassen und schließlich durch ein feines Tuch passieren. Anschließend zur gewünschten Intensität reduzieren und gegebenenfalls mit Speisestärke binden. Gewürze und Salz je nach Verwendung zufügen.

Fermentierter Ingwer

500 g junger Ingwer, geschält
15 g Steinsalz
40 g Demerara-Zucker
1 Handvoll rote Shisoblätter
200 ml Weißweinessig

Den Ingwer in dünne Scheiben hobeln, blanchieren und mit den Shisoblättern in Einmachgläser schichten. Salz, Zucker und Essig so lange verrühren, bis sich alles aufgelöst hat. Danach das Ganze in die Einmachgläser geben. Die Gläser offen bei Zimmertemperatur drei bis vier Tage stehen lassen, danach verschließen und mindestens acht Wochen in der Kühlung lagern. Nun ist der Ingwer haltbar und bereit zum Einsatz.

RAUSCH GRUNDREZEPTE

Ewige Soße

- 5 l Hühnerbrühe (Grundrezept)
- 4 geröstete Hühnerkarkassen
- 1 l Sake
- 1 l Choya Plum
- 150 g Demerara-Zucker
- 200 ml Sojasoße, salzarm
- 100 g Ingwer
- 2 Knoblauchzehen
- 2 Stangen Zitronengras
- 4 Sternanis
- 6 Zimtstangen
- 10 g getrocknete Mandarinenschale
- 200 g Weißes vom Lauch

Alle Zutaten in einen großen Topf geben und um etwa ein Drittel reduzieren. Entsprechend der gewünschten Intensität, kann man die Soße auch gerne stärker einkochen und/oder mit Speisestärke binden. Die ewige Soße kann außerordentlich vielseitig verwendet werden. Egal, ob man sie zum Pochieren, Ablöschen oder als Jus verwendet, sie ist oftmals das i-Tüpfelchen eines Gerichts. Die Soße sollte niemals vollständig aufgebraucht, sondern immer wieder mit neuen Zutaten gefüttert werden. Je länger die Soße verwendet wird, desto einzigartiger und intensiver wird sie. In Asien werden ähnliche Soßen traditionell über Generationen weitergeführt. Ein ganz besonderes Stück Kochgefühl.

Fermentationslake

- 200 g Gemüse oder Obst
- 200 ml warmes Wasser
- 40 ml Essig (Rotweinessig, Apfelessig, Reisessig, Weißweinessig usw.)
- 10 g Rohrohrzucker
- 10 g Steinsalz

Das Gemüse bzw. das Obst in die gewünschte Form bringen und aus den restlichen Zutaten eine Lake herstellen. Anschließend das einzulegende Gut in ein Einmachglas oder einen Einmachtopf geben und mit der Lake bedecken. Das Ganze drei bis vier Tage bei Zimmertemperatur unverschlossen stehen lassen. Nach dieser Zeit, je nach Einmachgut, ein bis vier Wochen verschlossen in der Kühlung lagern. Nun kann das Ferment gelagert und verwendet werden.

RAUSCH EMPFEHLUNGEN

„Als Familienweingut mit mehr als 150 Jahren Gutsgeschichte legen wir Wert auf einen nachhaltigen Umgang mit Umwelt und Natur. Daher bewirtschaften wir unsere Weinberge auf umweltschonende Weise und investieren viel Hingabe und Leidenschaft, um optimales Traubengut ernten zu können.

Mit langjähriger Erfahrung, Sorgfalt und Fingerspitzengefühl keltern wir unser umfangreiches Wein- und Sektsortiment, für das wir Jahr für Jahr bedeutende Auszeichnungen erhalten."

Weingut Julius Zotz KG
Julian Zotz
Staufener Straße 3
79423 Heitersheim
Telefon 07634 1059
Fax: 07634 4758
www.weingut-zotz.de

„Meine Philosophie ‚sortenrein – handverlesen – sorgfältig destilliert' lässt sich um die wichtigen Punkte ‚ausschließlich regional erzeugtes Obst und Gemüse' sowie ‚Verarbeitung der Grundprodukte nach den modernsten Verfahren' ergänzen. Die Herausarbeitung der sortentypischen Noten erfordert Fingerspitzengefühl und Erfahrung. Wir verfügen über Lieferkontrakte mit Landwirten aus der Region. Durch den regionalen Bezug besteht jedoch eine große Abhängigkeit von Mutter Natur. So gilt es, jedes Jahr und jede Charge genau zu beurteilen, um anschließend ein für uns voll vertretbares Produkt herstellen und anbieten zu können."

FAUDE feine BRÄNDE
Florian Faude
Schlossmattenstraße 25
79268 Bötzingen
Telefon 07663 6075255
Fax: 07663 6075256
office@faude-feine-braende.com

In der Schwarzwälder Biermanufaktur Waldhaus werden die Bierspezialitäten seit über 180 Jahren mit sehr viel Leidenschaft und Liebe eingebraut. So gehört beim Genuss der Bierspezialitäten die einzigartige Begegnung mit der wahren Waldhaus-Sinnesfreude einfach dazu.

Privatbrauerei Waldhaus
Waldhaus 1
79809 Waldhaus
Telefon 07755 9222-0
Fax: 07755 9222-99
info@waldhaus-bier.de
www.waldhaus-bier.de

RAUSCH EMPFEHLUNGEN

Seit 1881 besteht das Weingut Stigler in Ihringen und wird nun in der 4. Generation von Andreas und Regina Stigler geführt. Es umfasst 13 Hektar, davon ist die Hauptlage der Ihringer Winklerberg. Die Hauptsorte im Weißweinbereich ist der Riesling, der stark durch die Mineralität der Gesteinsböden geprägt ist, ebenso wie die Weiß-, Grau- und Spätburgunder. Klassische Rebsorten wie Chardonnay, Sauvignon blanc, Chenin blanc, Cabernet franc und Petit Verdot ergänzen das Weinangebot.

Weingut Stigler
Bachenstraße 29
79241 Ihringen
Telefon 07668 297
Fax: 07668 94120
info@weingut-stigler.de
www.weingut-stigler.de

„An der Südspitze des Tunibergs, der sich nahe Freiburg aus der Oberrheinischen Tiefebene erhebt, finden Sie unsere Weinberge. In diesen exponierten Lagen gedeihen vor allem Burgunder. Unsere Weine haben das Privileg, sich individuell zu entwickeln. Jeder Jahrgang darf seine charakterlichen Züge zeigen. Wir, die Winzer, entscheiden selbst, was für unsere Wein wichtig ist."

**Demeter Weingut
Klaus Vorgrimmler**
St.-Erentrudis-Straße 63
79112 Freiburg-Munzingen
Telefon 07664 2489
Fax: 07664 408220
weingut@vorgrimmler.de

Im Einklang mit der Natur und der überlieferten Weinbautradition entstehen im Weingut Zähringer charaktervolle Spitzenweine. Das Weingut, im Jahr 1844 gegründet, wird heute in 6. Generation von der Familie Zähringer geleitet. Biopionier Wolfang Zähringer hat bereits 1987 mit der Umstellung auf biologischen Weinbau begonnen. Die Natur bedankt sich mit gesunden Trauben, der Basis für authentische Spitzenweine mit Charakter.

**Weingut Wilhelm Zähringer GmbH
Fabian Zähringer**
Johanniterstraße 61
79423 Heitersheim
Telefon 07634 504890
Fax: 07634 5048999
www.weingut-zaehringer.de
www.weinhaus-zaehringer.ch

RAUSCH EMPFEHLUNGEN

„Die Gegend, die Landschaft und jeden Weinjahrgang so unverfälscht wie möglich auf die Flasche zu bringen, hat bei uns oberste Priorität. Grau-, Weiß- und Spätburgunder sind die Hauptrebsorten. Rivaner, Riesling, Scheurebe, Gewürztraminer und Muskateller bereichern unser Sortiment.

Es erwarten Weinkenner und -genießer handwerklich erzeugte Weine, die sehr viel Trinkfreude bereiten!"

Weingut Arndt Köbelin
Altweg 131
79356 Eichstetten a. Kaiserstuhl
Telefon 07663 1414
Fax: 07663 912666
info@weingut-koebelin.de

„Auf über 145 Millionen Jahren alten Jurasteinlagen wächst unser reintöniger und naturbelassener Wein, auf den besten Weinlagen am Tuniberg im Rheintal. Kontrolliert ökologischer Weinbau liegt uns besonders am Herzen.

Die Philosophie unseres Weinbaus schmecken Sie beim Genuss unserer edlen Tropfen! Uns kommt es darauf an, dass Weinerzeugung und Weingenuss auch ein Stück Verantwortung gegenüber der Natur sind."

Weingut Landmann
Umkircher Straße 29
79112 Freiburg-Waltershofen
Telefon 07665 6756
info@weingut-landmann.de

Das Weingut C. Lang wurde 1985 von Clemens und Karola Lang gegründet. Im Vordergrund des Weinangebotes stehen die Burgundersorten, welche im Lössboden und Kleinklima des südlichen Tunibergs einen idealen Standort haben. Der Charme unserer Weine resultiert aus ihrer regionalen Identität, der qualitätsorientierten Erzeugung und der kreativen, schonenden Pflege von Most und Wein im Keller. Das Leitbild war von Beginn an, hochwertige sowie traditionell trockene Weine zu erzeugen, kombiniert mit einem umweltbewussten und nachhaltigen Gesamtbetriebskonzept.

Weingut Clemens Lang
Reinachstraße 19
79112 Freiburg-Munzingen
Telefon 07664 5863
info@weingutlang.de

RAUSCH EMPFEHLUNGEN

„Unsere Familie blickt auf eine lange Weinbautradition zurück. Dies verpflichtet, und so haben wir uns entschlossen, die Weine im Wesentlichen nach überlieferten Arbeitsweisen zu keltern und auch dem klassischen Stückfass einen wichtigen Platz im Ausbau einzuräumen. Wir möchten damit erreichen, dass die Weine viel Bodenständigkeit und Ausdruckskraft besitzen sowie das Terroir, auf welchem die Trauben gewachsen sind, in solitärer Art spiegeln."

Weingut Franz Herbster
Salzgasse 6
79238 Ehrenkirchen-Kirchhofen
Telefon 07633 9231060
Mobil: 0160 3628979
Fax: 07633 9231059
info@herbster-weine.de

„Mein Önologe sagte mir im Jahr 2001 auf der Terrasse: ‚Wenn du den Weinberg kaufst, musst du zwei Dinge wissen:
1. Die Bodenbeschaffenheit ist hier einmalig.
2. Entweder machst du es wie alle um dich herum und du verkaufst deinen Wein nicht oder du machst einen guten Wein und du wirst nicht genug haben.'

Für mich war klar, dass ich erst mal einen Wein mache, der uns schmeckt. Jetzt haben wir nicht genug Wein für unsere Kunden, und das ist meine größte Freude."

**Château Prieuré Sainte-Anne
Hervé Flipo**
33550 Capian (Frankreich)
Telefon 0033689789243
hflipo@wanadoo.fr

Das Weingut Kalkbödele wurde 1978 in Merdingen von den Gebrüdern Mathis ins Leben gerufen. Mit ihrem trockenen, im Barrique ausgebauten Burgunderwein mischten sie die Winzerszene und die offizielle Weinbauwelt auf. Diese Stilistik der Pionierzeit wurde verfeinert und weiterentwickelt. Die Edition aus dem Kastanien-Barrique, ein feinperliger Winzersekt aus traditioneller Flaschengärung, oder der Pink Port unterstreichen die Vielseitigkeit, mit der Sonja Mathis-Stich und Kellermeister Manfred Zimmermann das klassische Burgundersortiment arrondieren.

Weingut Kalkbödele Gebr. Mathis
Enggasse 21
79291 Merdingen
Telefon 07668 334010
Fax: 07668 3340199
weingut@kalkboedele.de

RAUSCH EMPFEHLUNGEN

Ob alkoholisch oder alkoholfrei – die Manufaktur Jörg Geiger steht für herausragende Qualität, Komplexität und Kreativität. Über 100 Produkte aus 6 Produktgruppen werden aus alten schwäbischen Wiesenobstsorten, Kräutern und Gewürzen hergestellt. Davon profitiert nicht nur der Mensch, sondern besonders die Landschaft. Biodiversität und Vielfalt wird durch die Verwendung alter Obstsorten von Baumriesen erhalten und geschützt.

Manufaktur Jörg Geiger GmbH
Reichenbacher Straße 2
73114 Schlat / Göppingen
Telefon 07161 9990224
Fax: 07161 9990214
info@manufaktur-joerg-geiger.de
www.manufaktur-joerg-geiger.de

Joachim Hegers Philosophie auf den Punkt gebracht:

Puristisch – authentisch – unverwechselbar

Weingut Dr. Heger
Weinhaus Heger OHG
Bachenstraße 19/21
79241 Ihringen am Kaiserstuhl
Telefon 07668 99511-0
Fax: 07668 9300
info@heger-weine.de
www.heger-weine.de

„Eines meiner großen Ziele ist es, Jahr für Jahr die sortentypische Frucht einer jeden Rebsorte herauszuarbeiten, was aber nur gelingt durch kleine Erträge und reifes Lesegut ohne jegliche Botrytis. Sehr wichtig für mich ist es, Weine zu machen, die eine eigene Stilistik besitzen (sortenfruchtbetont, schlanke Körper, anregende Säure und gutes Alterungspotenzial), und nicht Weine zu kopieren!"

Weingut Ernst Heinemann
Mengener Straße 4
79238 Ehrenkirchen
Telefon 07664 6351
Fax: 07664 600465
weingut-heinemann@t-online.de

RAUSCH DER WINTER

Passionsfrucht-Trüffel

200 ml Orangensaft
50 g Demerara-Zucker
150 g Passionsfruchtmark
Speisestärke
Kuvertüre (55 %) zum Überziehen

Den Orangensaft mit dem Zucker auf 100 g reduzieren, das Mark hinzugeben und mit der Speisestärke viskos binden. Diese Soße in eine Form für Kugeln geben und einfrieren. Die gefrorenen Kugeln in die flüssige Kuvertüre tauchen und auftauen lassen. Dabei darauf achten, dass die Schokolade keine Löcher aufweist.

Schokoladenraspel

Als Topping aus Kuvertüre (55 %) Schokoladenraspel herstellen.

SCHOKOLADENKUCHEN
Creme / Canache / Passionsfrucht

Schokoladenkuchen

160 g Kuvertüre (70 %)
150 g Butter
250 g Vollei
150 g Demerara-Zucker
130 g Mehl Typ 550

Die Kuvertüre zusammen mit der Butter im Wasserbad bei 50 °C schmelzen. Das Ei mit dem Zucker schaumig schlagen, die Kuvertüre unter die Eimasse ziehen und schließlich das Mehl unterheben. Diese Masse in mit Backpapier ausgelegte Metallringe (Durchmesser etwa 9 cm) füllen und einfrieren. Die Kuchen je nach Ofentyp bei 190 °C 7–9 Minuten backen.

Winzerverein Munzingen
1991 Muskateller Eiswein

Schokoladencreme

200 ml Vollmilch
10 g Glukose
9 g Gelatine
285 g Kuvertüre (70 %)
400 g kalte, flüssige Sahne

Die Milch zusammen mit der Glukose aufkochen und darin die eingeweichte Gelatine lösen. Nun die im Wasserbad geschmolzene Kuvertüre zugeben und anschließend die kalte Sahne einmixen. Die Creme mindestens zwei Stunden in die Kühlung stellen. Vor dem Anrichten gegebenenfalls glattmixen.

Schokoladen-Canache

250 ml Sahne
250 g Kuvertüre (55 %), gehackt
150 ml geschlagene Sahne

Die Sahne aufkochen und auf die gehackte Kuvertüre gießen. Danach mit einem Spachtel eine homogene Masse herstellen und abkühlen lassen. Kurz bevor die Schokolade beginnt fest zu werden, wird die geschlagene Sahne untergehoben. Die fertige Masse in die gewünschte *Silpat-Form* gießen und einfrieren. Die Canache je nach verwendeter Form vor dem Servieren etwa drei Minuten antauen lassen.

Schokoladen-Crunch

190 g Ei
40 g Eigelb
40 g Demerara-Zucker
80 ml Vorzugsmilch
55 g flüssige Butter
60 g Mehl
40 g Kakaopulver
Steinsalz
10 g Puderzucker
5 g Kakaopulver
10 g Kakaonibs

Bis auf den Puderzucker, das Kakaopulver und die Kakaonibs werden alle Zutaten zu einer glatten Masse gemixt, in einen *Isi-Whip-Siphon* gefüllt und dieser mit Gas befüllt. Anschließend die Masse in Papptrinkbecher spritzen und ca. 45 Sekunden bei 900 Watt in der Mikrowelle backen. Nach dem Erkalten aus dem Becher lösen und bei 60 °C ca. vier Stunden trocknen. Alsdann grob zerbröseln und mit Puderzucker, Kakaopulver und Kakaonibs vermengen.

Schokoladenkuchen

Creme / Canache / Passionsfrucht

Petersilien-Gremolata

½ Bund Blattpetersilie
5 g Knoblauch
1 Streifen Zitronenschale
80 g Macadamianüsse, gesalzen
20 ml Maccadamiaöl
Steinsalz

Die Blattpetersilie waschen und sehr trocken tupfen. Die restlichen Zutaten im Mixer zu einer lockeren Gremolata mixen und würzen.

Weißer Trüffel

weißer Alba-Trüffel

Als Topping den weißen Trüffel aufhobeln.

RINDERWADE
Weißkohl / Kartoffelpüree / Weißer Trüffel

Weingut Dr. Heger
Spätburgunder Mimus

Rinderwade

4 Scheiben Rinderwade à 200 g
40 ml Rapsöl
200 ml Jus vom Rind (Grundrezept)

Die Wadenscheiben in wenig Rapsöl anbraten und mit der Rinderjus vakuumieren. Die Wade im *Julabo-Wasserbad* bei 65 °C 48 Stunden garen. Nach dem Garen die Jus abgießen, passieren und für die Trüffeljus verwenden.

Kartoffelpüree

800 g mehlig kochende Kartoffeln, ungeschält
200 g Butter
200 ml Vorzugsmilch
Steinsalz
Muskatnuss

Die Kartoffeln gut waschen, salzen und im Ofen bei 200 °C weichbacken. Dabei immer wieder mit dem Messer kontrollieren, ob sie bereits weich sind. Die Kartoffeln schließlich schälen und durch die Flotte Lotte drehen. Die Butter in der Milch aufkochen und mit den Kartoffeln zu einem glatten und lockeren Püree einrühren. Das Püree mit Salz und Muskatnuss abschmecken und mithilfe eines Spritzbeutels auf Tellern anrichten.

Weißkohl

4 Ecken aus einem Weißkohl à 140 g
Steinsalz
60 g braune Butter

Die Weißkohlecken so schneiden, dass der Strunk die Blätter zusammenhält. Den Kohl salzen, zusammen mit der braunen Butter vakuumieren und bei 100 °C im *Julabo-Wasserbad* ca. 45 Minuten garen. Der Kohl sollte weich sein, aber gerne etwas Biss haben. Diesen nach dem Garen in einer trockenen Pfanne goldbraun anbraten und eventuell erneut salzen.

Trüffeljus

10 g Schalotten in feinen Würfeln
10 g Wintertrüffel in kleinen Würfeln
10 g Trüffelbutter
20 ml roter Portwein
10 ml Balsamico mit Trüffel
200 ml Schmorwadenjus

Schalotten und Trüffel in der Trüffelbutter anschwitzen und mit Portwein ablöschen. Danach den Balsamico zugeben und trocken kochen. Zuletzt die Schmorjus zugeben und mit Steinsalz abschmecken.

Rinderwade

Weißkohl / Kartoffelpüree / Weißer Trüffel

RAUSCH DER WINTER

231

LAMMSCHULTER
Schwarzwurzeln / Hutzeln / Knollen-Ziest

Lammschulter

1 Lammschulter am Knochen
Pfeffermischung (Grundrezept)
Steinsalz
Schwarzwaldheu

Die Lammschulter würzen und mit dem Heu vakuumieren. 11 Stunden im *Julabo-Wasserbad* bei konstanten 85 °C garen. Nach der Garzeit das Heu entfernen und das Fleisch vorsichtig vom Knochen lösen. Das Fleisch salzen und in Folie zu einer Rolle einschlagen. Die Lammschulter kaltstellen und danach portionieren.

Schwarzwurzelpüree

400 g Schwarzwurzeln, geschält
800 ml Wasser
100 ml Weißwein
50 g Butter
100 ml Sahne
3 g Xanthan
Steinsalz

Die Schwarzwurzeln in Wasser und Weißwein weichkochen. Etwa die Hälfte der Kochflüssigkeit abnehmen und aufbewahren. Sahne und Butter zu den Schwarzwurzeln geben und abermals aufkochen. Nun mit der Zugabe von Xanthan ein glattes Püree im Mixer herstellen. Sollte die Flüssigkeit zum Mixen nicht reichen, etwas von dem aufbehaltenen Fond verwenden. Am Ende schließlich mit Steinsalz würzen.

MEINE WEINEMPFEHLUNG

Weingut Julius Zotz
Caruzzo Rotweincuvée

Schwarzwurzeln und Knollen-Ziest

200 g Schwarzwurzeln, geschält
braune Butter
Steinsalz
Heuasche
200 g Knollen-Ziest
Sauerkleewurzeln

Die Schwarzwurzeln bei geringer Hitze in brauner Butter anbraten und salzen. Wenn die Wurzeln gar sind, mit Heuasche bestäuben und anrichten. Den Knollen-Ziest zusammen mit den Sauerkleewurzeln ebenfalls in brauner Butter anbraten und würzen.

Hutzeljus

30 g Schalotten in feinen Würfeln
50 g Hutzeln in feinen Würfeln
30 ml dunkler Balsamico aus Birnenmost
200 ml Lammjus (Grundrezept)
Steinsalz
Pfeffermischung (Grundrezept)

Schalotten und Hutzeln mit dem Balsamico trocken kochen und mit der Lammjus auffüllen. Die Jus mit Steinsalz und der Pfeffermischung würzen.

Lammschulter

Schwarzwurzeln / Hutzeln / Knollen-Ziest

PORTRÄT METZGEREI KALTENBACH

Für Restaurants wie das *s Herrehus* wurde die Metzgerei auf diese Weise so etwas wie ein Fleischlieferant mit Maßanfertigung. „Das Handwerk steht ganz klar im Vordergrund", sagt Oliver. Es gebe keine Erzeugnisse von der Stange, der regionale Gedanke sei klar der Nachhaltigkeit verpflichtet. Selbst der Coppa, eigentlich ein gepökelter luftgetrockneter Schinken vom Schweinehals, entsteht hier nach südbadischer Art – leicht angeräuchert reift er 12 bis 14 Wochen in einer Schwarzwälder Salzhöhle.

Was vor sechs Jahren mit einem Besuch von Oliver vor Ort begann, als der für einen Rehrücken vorbeischaute, ist nun zum intensiven Austausch geworden. Nicht nur weil auch ein erfahrener Koch von Techniken wie dem „spanischen Schnitt" noch etwas lernen kann. Inzwischen wurden sogar gemeinsame Erzeugnisse entwickelt. Oliver, der beim Fleisch bis auf das Schwein von Judith Wohlfahrt und das Geflügel von *Dürr & Mager* alles von Kaltenbachs kauft, erlebte bei der Entwicklung einer gemeinsamen Salami den nächsten Schritt: Mit dem angelieferten Schwein von Judith und den bei ihr gesammelten Fichtensprossen wurde gemeinsam mit getrockneten Kirschen und Fichtensprossengeist von Florian Faude ein Schwarzwälder Produkt geschaffen, welches sich nicht vor einer Salami mit dem Biss von Fenchelsamen aus Italien verstecken muss. Nur ein Beispiel für einen gelungen Austausch zwischen Küche und Metzgerei, der ideenreich und auf Augenhöhe stattfindet. „Wir sagen nicht nein, sondern probieren alles aus", sagt Frank Kaltenbach über die Experimentierfreude seiner südbadischen Metzgerei mit Inspirationen aus der ganzen Welt.

Metzgerei in Bewegung: Die Firma Kaltenbach fertigt nach Ideen aus der ganzen Welt

Hygiene als Grundvoraussetzung: Arbeitsschuhe im Produktionsraum

Der geschäftliche Fortschritt ist auch Ausdruck einer immer weiter voranschreitenden Spezialisierung. Und übrigens auch der Globalisierung: Bei Kaltenbach werden unter anderem Kunden beraten, die immer versiertere und internationalere Rezepte aus Kochbüchern der Sterne-Szene in den Laden mitbringen. Am Tresen findet der Verkauf zwar in familiärer Atmosphäre statt, der Anspruch an die Kenntnisse einer fachkundigen Beratung ist jedoch gewachsen. Beispielsweise bei der wachsenden Schar von Hobby-Grillern, die den „Dicken Bug" des Rinds zum Grillen nachfragen. Oder beim Wunsch nach einem passenden Pastrami, das Kaltenbach als Rinder-Bacon für eine Burger-Braterei bis nach Esslingen liefert.

Globalisierung auch deshalb, weil die Familie Kaltenbach auch auf die Bedürfnisse von Menschen eingeht, die von außerhalb unseres Kulturkreises in die Region gekommen sind: Das waren in den 90er Jahren die Flüchtlinge des Balkankriegs, für die bis heute bosnische Würste nach Traditionsrezepten in den üppigen Kühltheken angeboten werden. Oder Muslime, die hier einen Rinderspeck nach Art des Bündner Fleischs für sich finden. Und sogar indische Geflügelwürstchen nehmen von Schallstadt aus ihren Weg in die vielfältigen Küchen der Region.

Auf diesen Wegen finden immer mehr Entdeckungen beim Fleisch statt, für die die Metzgerei perfekte Nischenprodukte liefert, beispielsweise auch das „Spider-Steak", ein Stück aus dem Hinterschinken des Rinds, das seinen Namen der spinnennetzartigen Marmorierung verdankt. Es sind häufig auch die filigranen Zuschnitte, aus denen der Betrieb sein Renommee bezieht.

Bei Oliver war eine solche Schnitttechnik in der Vergangenheit die sogenannten Finger Ribs an einer Stelle zwischen den Rinderrippen, auf die er die Metzgerei angesetzt hat, eine feine Alternative zu den beliebten Spareribs vom Schwein. Oder Lammkopfbäckchen und Rehbeuscherl, also die oberen Innereien vom Wild. Auf diese Weise kommt immer mehr vom Tier zur Verwertung, zugleich ist es eine abwechslungsreiche Abkehr von der einstigen Filet-Welt, die die Gourmet-Menüs über Jahrzehnte dominierte. Die Tiere, die hierfür verwendet werden, stammen von regionalen Betrieben, das Lamm zum Beispiel vom Plattenhof bei St. Peter im Schwarzwald, das Geflügel, darunter auch Bauernenten und Perlhuhn-Kapaune, aus Eschbach bei Stegen. Steak von Rindern aus Argentinien gibt es nicht bei den Kaltenbachs, es dürfte auch nicht vermisst werden.

PORTRÄT METZGEREI KALTENBACH

Von Finger Ribs bis Schwarzwald-Salami

Die Schallstädter Metzgerei Kaltenbach glänzt mit besonderen Schnitten und außergewöhnlichem Sortiment – die Experimentierfreude ist groß

„Wir experimentieren gemeinsam", sagt Oliver Rausch über seine langjährige Zusammenarbeit mit der Schallstädter Metzgerei Kaltenbach. Eine mehr als ungewöhnliche Kooperation, die Erstaunliches auf die Teller bringt – und Lerneffekte für beide Seiten. Ungewöhnlich ist auch, dass an der Seite der Metzgerei-Chefs Wolfgang und Frank Kaltenbach mit Horst Grammelspacher ein gelernter Küchenmeister für die Kunden der Gastronomie zuständig ist und deren Belange kennt. Viele namhafte Restaurants beziehen ihr Fleisch von dem Betrieb im Markgräfler Land, der selbst nicht schlachtet, sondern sich auf das Zerlegen versteht. Und wie.

„Auch wir lernen immer dazu", sagt Frank Kaltenbach über die Ansprüche und das stetig wachsende Sortiment. Die Metzgerei, die 1975 in Reute gegründet wurde, zog 1982 nach Schallstadt, wo mittlerweile 50 Mitarbeiterinnen und Mitarbeiter beschäftigt sind. Das ist beachtlich: gerade im Zuge einer Entwicklung, in der inzwischen immer mehr kleine Betriebe dieser Branche schließen, die mit der massenhaften Filialisierung nicht Schritt halten.

Parmesanschaum

200 ml Tomatenbrühe (Grundrezept)
200 ml Vorzugsmilch
½ Knoblauchzehe
Rosmarinholz
100 g Parmesan, gerieben
Steinsalz
Chili
3 g Lecithinpulver

Tomatenbrühe mit Vorzugsmilch, Knoblauch und Rosmarinholz aufkochen. Den geriebenen Parmesan zugeben und 30 Minuten ziehen lassen. Danach durch ein feines Sieb passieren und die Soße mit Lecithin mixen und würzen.

MEERBRASSE
Nudelsud / Oliven / Limetten

Meerbrasse

600 g Brassenfilet mit Haut
braune Butter
Steinsalz

Die Filets in brauner Butter auf der Haut anbraten bis sie halb gar sind. Nun salzen und auf die Fleischseite drehen und garziehen lassen. Die Haut abziehen und den Fisch in den Teller zupfen.

Weingut Dr. Heger
Weißburgunder

Nudelsud

1 l Tomatenbrühe (Grundrezept)
60 g Schalotten in Würfeln
1 g Safranfäden
Abrieb einer halben Limette
½ Knoblauchzehe
0,4 g Iota
Steinsalz
Chili

Tomatenbrühe mit Schalotten, Knoblauch, Safran und Limette auf 250 ml reduzieren. Den Sud durch ein feines Sieb passieren und mit Iota mixen. Den Sud auf 85 °C erhitzen und mit Steinsalz und Chili würzen.

Einlage

Filets einer Limette
30 g Taggiasca-Oliven in Scheiben
80 g gekochter Fregola Sarda
20 g getrocknete Tomaten in Würfeln

Die Einlage vor dem Servieren im Sud erhitzen und gegebenenfalls würzen.

Reis-Cracker

40 g Sushi-Reis
200 ml Wasser
20 g geröstete Pinienkerne
¼ Knoblauchzehe
Steinsalz
Pfeffermischung (Grundrezept)
Erdnussöl zum Frittieren

Den Reis mit den restlichen Zutaten trocken kochen. Nun zwischen Backpapier dünn ausrollen und im Ofen bei 60 °C trocknen. Das trockene Reispapier in Erdnussöl frittieren und im Anschluss mit Salz und Pfeffermischung würzen.

Grünkohl

200 g Grünkohl
braune Butter
Steinsalz

Den Grünkohl in der braunen Butter anbraten und mit Steinsalz würzen.

Meerbrasse

Nudelsud / Oliven / Limetten

RAUSCH DER WINTER

RAVIOLI

Kartoffelschaum / Grüne Erdbeeren / Hanfmutschli

Ravioli

100 g Hanfmutschli, gehackt
20 g Hanfsamen, geschält und geröstet
20 ml Hanföl
Steinsalz
Pfeffermischung (Grundrezept)
Nudelteig (Grundrezept)

Den fein gehackten Käse, den Hanfsamen und das Öl würzen und zu einer festen Masse kneten. Anschließend den Nudelteig mithilfe einer Nudelmaschine dünn ausrollen. Die Käsemasse auf den Teig geben und in die gewünschte Form bringen. Die Ravioli in reichlich Salzwasser kochen und weiterverwenden.

Weingut Landmann
Weißer Burgunder

Kartoffelschaum

50 g Zwiebeln
½ Knoblauchzehe
2 EL Hanföl
20 ml Apfel-Balsamessig
150 g mehlige Kartoffeln
600 ml Gemüsebrühe
80 g Hanfmutschli
Steinsalz
Muskatnuss
Pfeffermischung (Grundrezept)

Die Zwiebeln zusammen mit dem Knoblauch in Hanföl anschwitzen und mit dem Essig ablöschen. Danach die Kartoffeln und die Brühe hinzugeben und bei niedriger Hitze weichkochen. Vor dem Mixen den Käse zugeben und mit Steinsalz, Pfeffermischung und Muskatnuss würzen. Alles durch ein feines Sieb passieren und eventuell noch reduzieren, um den Geschmack zu intensivieren.

Grüne Erdbeeren

Die Herstellung basiert auf dem Grundrezept von fermentiertem Obst und Gemüse. Den noch grün geernteten Erdbeeren gebe ich beim Fermentieren noch etwas Zitronenschale bei.

Trüffel und Hanfmutschli

Wintertrüffel, gehobelt und eingelegt
Hanfmutschli in Würfel geschnitten

Die Ravioli werden nach dem Kochen in etwas Kartoffelschaum glasiert. Danach werden sie mit dem Hanfmutschli, den grünen Erdbeeren und dem Wintertrüffel angerichtet.

Kartoffel-Crumble

100 g gekochte, mehlige Kartoffeln
Erdnussöl zum Frittieren
100 g Panko-Panierbrot
30 g Thymian
Steinsalz

Die Kartoffeln durch eine Presse drücken und in Öl frittieren. Ebenso das Panierbrot und den Thymian. Alles sehr gut auf Papiertüchern entölen, danach vermengen, würzen und leicht mixen. Schließlich vor dem Anrichten erwärmen und auf die Ravioli als Crunchtextur geben.

Ravioli

Kartoffelschaum / Grüne Erdbeeren / Hanfmutschli

RAUSCH DER WINTER

KLEMMBACHFORELLE
Schweinefüße / Hopfenessig / Mandelcreme

Klemmbachforelle

6 Forellenfilets à 110 g
40 ml Hopfen-Balsamessig
Steinsalz
braune Butter

Vier der Forellenfilets anfrieren und daraus sehr dünne Carpaccios schneiden. Die Carpaccios vor dem Servieren mit dem Essig beträufeln und mit Steinsalz würzen. Die beiden verbliebenen Filets in vier Portionen teilen, mit Salz würzen und in brauner Butter glasig braten.

Mandelcreme

200 g Mandelkerne, geschält
500 ml Wasser
ca. 3 g Xanthan
Steinsalz

Die Kerne im Wasser mit einem Standmixer zu einem sehr glatten Püree mixen. Schließlich mithilfe des Xanthanpulvers binden und mit Steinsalz würzen.

Paprikakompott

200 g rote Paprika
50 g Zwiebeln
½ Knoblauchzehe
200 ml Tomatenbrühe (Grundrezept)
Steinsalz
Piment d'espelette
Iota, nach Bedarf

Die Zutaten weichkochen und so lange reduzieren, bis eine püreeartige Konsistenz entsteht. Nun durch ein grobes Passiersieb (Flotte Lotte) geben. Das Kompott wiegen und 0,3 g Iota auf 100 g hinzugeben. Das Ganze auf 85 °C erhitzen, gegebenenfalls abschmecken und lauwarm servieren.

MEINE BIEREMPFEHLUNG

Privatbrauerei Waldhaus
Waldhaus Hopfenzauber

Hopfenessig-Gelee

1,8 g Agar
150 ml Hopfen-Balsamessig
Steinsalz
Zwiebelsamen

Das Agar zum Essig geben, aufkochen und mit Steinsalz würzen. Alles in ein geeignetes Gefäß gießen, um nach dem Gelieren daraus Würfel schneiden zu können. Beim Anrichten Zwiebelsamen auf die Geleewürfel streuen.

Schweinefüße

6 Berkshire-Schweinefüße
500 ml ewige Soße (Grundrezept)

Die Schweinefüße gut putzen, von etwaigen Stoppeln befreien und 30 Minuten wässern. Dann werden die Füße trocken getupft und zusammen mit der ewigen Soße vakuumiert. Dies nun im *Julabo-Wasserbad* zehn Stunden bei 85 °C garen und nach der Garzeit warm ausbrechen. Hierbei vorsichtig und gewissenhaft alle Knöchel entfernen. Das Fleisch, die Haut und die Sehnen mit dem Garfond würzen und in Folie rollen. Fest werden lassen und in dünne Scheiben schneiden. Die gebratene Forelle damit bedecken.

Klemmbachforelle

Schweinefüße / Hopfenessig / Mandelcreme

PORTRÄT BRAUEREI WALDHAUS

Warum er mit außergewöhnlicher, bisweilen auch polarisierender Werbung auf Großflächenplakaten mit seinem Konterfei wirbt: Dieter hat seiner Agentur etwas Unverwechselbares aufgetragen. „Bei Bierwerbung kennt man die Oper, den See, das Schiff" – Gemeint sind die Konzernbiere Radeberger, Krombacher und Becks; er selbst habe auch so etwas in Szene setzen wollen. Beim Blick in die nähere regionale Umgebung sei ihm klar geworden, dass es seinen Mitbewerbern aus verschiedenen Gründen nicht möglich sein würde, mit einem Gesicht für ihr Produkt einzustehen. Das nutzte er, um mit seiner Person für eine Nahbarkeit in einem Markt zu werben, der ihm etwas anonym vorkommt: „Während die Welt verrückt spielt und alles immer verfügbar sein muss, setzen wir auf Verlässlichkeit."

Für Präsenz sorgt trotzdem vor allem sein Getränk, das es ohne übereifrige Vertriebsmaßnahmen an die besten Adressen der Region geschafft hat, beispielsweise auch ans Munzinger *Schloss Reinach*. Dieter sagt, dass lediglich 18 Prozent seines Umsatzes vom Fassbier rühren, aber es ist eine beachtliche Anzahl an besonderen Bars und Sternerestaurants, in denen die Flasche mit der bunten Alu-Manschette inzwischen gereicht wird. Dazu gehören auch Oliver Rausch und das *Schloss Reinach:* Aus einer reinen Vertriebs-Verbindung wurde eine Bekanntschaft am Rande einer Veranstaltung für wohltätige Zwecke. „Es war ein bisschen mehr als nur der Bierausschank, den Dieter übernommen hatte", sagt Oliver, der auch schon mal ein Spezialbier zum Dessert reicht oder mit Hopfen von Waldhaus kocht und Balsamessige zubereitet. Längst ist Waldhaus nicht mehr nur in Südbaden präsent, sondern in der ganzen Welt: Dank internationaler Testsiege und Prämierungen wie dem in England verliehenen Titel *Weltbestes deutsches Pils* wird das Südschwarzwälder Bier inzwischen sogar in China, Taiwan und Südkorea nachgefragt.

Premium, ohne Filter, Helles: Inzwischen werden mehr als ein Dutzend Sorten bei Waldhaus hergestellt

Sudhaus: Mit den Kesseln aus reinem Kupfer wird die Tradition gewahrt

Schmid steht einem Generationen-Betrieb vor, der auf einfache Weise das Richtige macht: Tradition zu wahren, wenn es beispielsweise darum geht, die kostbaren Sudwerke aus reinem Kupfer zu erhalten. Aber auch Hightech zu nutzen, wenn es um die Analyse des Produkts im Labor oder um die Logistik geht. Und auf Feinheiten zu achten bei der Qualität. Dieter bedauert, dass es am Pils-Standort Deutschland leider zu viele ähnliche Biere gebe. „Die Unterschiede der aus der TV-Werbung bekannten Brauer sind sowohl geschmacklich wie auch preislich kaum merklich", ist sein Empfinden. Es seien die Feinheiten bei Waldhaus, wie der Naturhopfen eben, das Kupfersudhaus oder die eigene Hefereinzucht, die den feinen Unterschied ausmachten. Dieter ist einer, der schon immer ruhig den anderen Weg, das Antizyklische bevorzugte, wenn es zur Kultur passt, wie sie Vater und Großvater einst vorlebten.

Inzwischen überrascht er mit immer neuen Sorten und Produktneuheiten, darunter zuletzt Spezialitäten wie ein Helles oder ein alkoholreduziertes *Sommer-Bier* mit sehr viel Raffinesse im Geschmack. Wie der kreative Prozess im Haus abläuft? „Auch hier", sagt Dieter, nehme man häufig den „anderen Weg": Beim Hellen habe man sich vor allem an der Qualität der bayrischen Biere orientiert, in einer Blindverkostung seien die 18 interessantesten probiert und analysiert worden; anschließend habe man sich auf die geschmacklichen Details festgelegt, die enge Absprache zum angesehenen Institut in Weihenstephan gesucht, wo es am Ende großes Lob für das „bayrische" Helle made in Schwarzwald gab. Der frühere Marathonläufer sieht das Bierbrauen als eine Art Langstreckenlauf. Anders als beim einsamen Rennen kann er allerdings auf die Teamarbeit verweisen, die ihm vieles erleichtere: „Es ist eine der großen Stärken, dass wir mit unseren Mitarbeitern viel Energie hinter der Marke haben, da erreicht man sehr viel mehr", sagt Schmid, der alle wichtigen Entscheidungen in einem Führungskreis bespricht, in dem er seine Abteilungsleiter versammelt. Im Unternehmen duzt jeder jeden und dabei auch den Chef, was für diesen kein flotter Selbstzweck ist, sondern eine Möglichkeit, „es neuen Mitarbeitern leicht zu machen".

Bei aller präzisen Arbeit will Dieter vor allem eine Arbeitsatmosphäre, in der es konzentriert, aber auch gelöst zugeht. Es klingt ganz ehrlich, wenn er, der in unmittelbarer Nähe zur Braustätte wohnt und um die zehn Stunden am Tag arbeitet, sagt, dass bei seinem Produkt „der Spaß im Vordergrund stehen soll".

> „Es ist eine der großen Stärken, dass wir mit unseren Mitarbeitern viel Energie hinter der Marke haben"

PORTRÄT BRAUEREI WALDHAUS

Vom Südschwarzwald bis nach Asien

Die Brauerei Waldhaus stellt eine der glanzvollen Ausnahmen im Biermarkt dar. Das Geheimnis ist ein radikales Bekenntnis zur Qualität

 Der zentrale Satz fällt, als Dieter Schmid beim Griff in einen duftenden Sack Hopfendolden seine Qualitätsidee erklärt. Es geht um den richtigen Rohstoff in seiner natürlichsten Form, wie ihn Schmids Brauerei Waldhaus einkauft. Gerade noch zwei Prozent der deutschen Brauer machen es so. Es gäbe die Möglichkeit, ihn als Hopfenextrakt zu beziehen, unkomplizierter und in etwa so, als ob man einen Brühwürfel zum Suppemachen nehmen würde, vergleicht Dieter. Und dann sagt er: „Wir nehmen den Knochen."

Es zählt zu den Eigenschaften des Südschwarzwälders, dass er das komplexe Kulturgut Bier in aufrechter Bescheidenheit mit dem Köcheln einer feinen Suppe vergleicht. Auf dem Flur zwischen Sudkesseln und Lagertanks referiert er, warum er an keiner Stelle einen Rückschritt bei der Qualität in Kauf nehmen möchte.

Was beim günstigeren Hopfen anfinge, wäre auch bei den Kupferkesseln möglich, der Lagerung – ein Waldhaus-Pils liegt etwa sechs bis acht Wochen im Tank, Discount-Biere oft nur noch sieben Tage – und auch bei der Gerste, nach der Schmid in Jahrgängen mit schlechterer Qualität schon mal in Südamerika nach guter Ware fahnden lässt. „Die Kunden merken so etwas", sagt Dieter, der für kurzfristige Gewinnsteigerungen nicht seine Glaubwürdigkeit und und auf lange Sicht finanzielle Einbußen riskieren möchte.

Bei der privaten Brauerei in der Nähe von Waldshut läuft es. Die Umsätze wachsen in der Regel zweistellig. Sein Produkt findet in der gehobenen Gastronomie große Beliebtheit, er benötigt keine Sonderpreis-Aktionen.

RAUSCH DER WINTER

TALEGGIO RAVIOLI
Grüner Pfeffer / Mandelschaum / Pfirsich

Taleggio

120 g Taleggio ohne Rinde
20 g Mandelsplitter
Steinsalz
Pfeffermischung (Grundrezept)
Nudelteig (Grundrezept)
100 g Taleggio in Würfeln (als Einlage)

Den Taleggio bei ca. 45 °C weichkneten und die Mandelsplitter sowie die Gewürze zugeben. Diese Masse als Füllung für die Ravioli verwenden. Den Nudelteig nach Grundrezept herstellen und mit der Füllung zu Ravioli verarbeiten.

Mandelsplitter

100 g Mandeln, fein geschnitten
40 g braune Butter
1 Knoblauchzehe
1 Rosmarinzweig
Steinsalz

Die Mandeln in brauner Butter mit dem Knoblauch und dem Rosmarin goldbraun rösten. Diese anschließend mit Steinsalz würzen und bis zur Verwendung warmstellen. Sie dienen als Füllung und als Topping.

Fermentierter Pfirsich

Fermentationslake (Grundrezept)
200 g Pfirsich in dünnen Scheiben
Rosmarinzweige

Die Fermentationslake nach Grundrezept herstellen und den Pfirsich mit dem Rosmarin nach Anleitung fermentieren lassen. Die Pfirsichscheiben werden schließlich lauwarm auf den Ravioli angerichtet.

MEINE WEINEMPFEHLUNG

Weingut Heinemann
Sauvignon Blanc

Grüner Pfeffer

10–20 g grüner Pfeffer

Den Pfeffer gut abspülen und grob hacken. Er wird als Topping auf die Ravioli gegeben.

Mandelschaum

120 g Zwiebeln
1 Knoblauchzehe
1 Rosmarinzweig
100 g Mandeln, geschält und gehackt
50 g Nussbutter
100 ml Belsazar dry
100 ml Weißwein
500 ml Mandelmilch
20 g Mandelpüree
Steinsalz
Pfeffermischung (Grundrezept)

Zwiebeln gemeinsam mit Knoblauch, Rosmarin und den Mandeln in der Nussbutter farblos anschwitzen. Mit Wermut und Weißwein ablöschen und mit der Mandelmilch auffüllen. Die Soße um ein Drittel reduzieren, kurz mixen und fein passieren. Schließlich das Mandelpüree einmixen und mit Steinsalz und der Pfeffermischung würzen.

Taleggio Ravioli

Grüner Pfeffer / Mandelschaum / Pfirsich

RAUSCH DER WINTER

Kokosnusscreme

250 ml Kokosmilch
250 ml Sahne
5 g Agar
50 g Rohrohrzucker
20 g Kokoscremepulver
Steinsalz

Die Zutaten gemeinsam aufkochen und gelieren lassen. Wenn die Masse fest ist, mit dem Mixer ein glattes Püree herstellen.

Schokostreusel und Kokosraspel

Schokoladenraspel von weißer Schokolade
geröstete Kokosflakes mit Zitronenpfeffer

Die Schokoladenraspel und die Flakes als Topping verwenden.

ANANAS-GRANITA
Kokosnuss / Weiße Schokolade / Biskuit

Ananas-Granita

250 ml Ananassaft
100 ml Läuterzucker
125 ml Cidre
200 g Ananas
Saft einer halben Zitrone
Steinsalz
1–2 g Xanthan

Die Zutaten zu einem glatten Saft mixen. Dieser wird durch ein feines Sieb passiert und anschließend in einem flachen Gefäß eingefroren. Während des Gefrierens den Saft immer wieder umrühren, um so eine körnige Granita zu erhalten.

Kokosnussbiskuit

100 g flüssige Butter
100 g Mehl Typ 550
40 g geröstete Kokosraspeln
60 g Puderzucker
3 Eier
60 g Rohrohrzucker
50 g Kokospüree
1 g Steinsalz
Ananaslikör

Die Zutaten für den Biskuit in den Mixer geben und glatt mixen. Den Teig zwölf Stunden im Kühlschrank ruhen lassen. Anschließend in eine geeignete Form füllen und bei 180 °C im Ofen backen. Die Backzeit variiert je nach Ofen und Gefäß. Nach dem Backen auskühlen lassen und in Würfel schneiden. Vor dem Anrichten die Würfel mit etwas Ananaslikör beträufeln.

MEINE WEINEMPFEHLUNG

Weingut Franz Herbster
Riesling Auslese

Weißes Schokoladeneis

125 g Vorzugsmilch
Mark einer Vanilleschote
100 g weiße Schokolade
6 Eigelb
80 g Rohrohrzucker
400 ml Sahne

Die Milch mit der Vanille aufkochen, die weiße Schokolade in die ca. 80 °C heiße Milch geben und schmelzen. Die Eigelbe mit dem Zucker schaumig schlagen und auf die heiße Milch geben. Diese Masse nun auf einem Wasserbad zur Rose abziehen (ca. 75 °C). Beim Erreichen der Temperatur aus dem Wasserbad nehmen und die flüssige Sahne zugeben. Die Masse in *Pacojet-Becher* geben und 24 Stunden bei −18 °C einfrieren. Vor dem Servieren pacossieren.

Fermentierte Ananas

Fermentationslake (Grundrezept)
200 g Ananas, gewürfelt
1 TL grüner Kardamom

Die Fermentationslake nach Grundrezept herstellen und die Ananas nach Anleitung fermentieren lassen. Die Ananaswürfel werden beim Anrichten auf den Tellern verteilt.

Ananas-Granita

Kokosnuss / Weiße Schokolade / Biskuit

RAUSCH DER WINTER

Karotten

300 g bunte Karotten mit Grün
braune Butter
Steinsalz
Hopfenhonig
Schnittlauchblüten

Die Karotten putzen und bei wenig Hitze langsam
in brauner Butter anbraten. Diese dann mit Steinsalz und
Hopfenhonig würzen. Beim Anrichten mit Karottengrün
und Schnittlauchblüten garnieren.

KALBSHAXE
Wurzelpüree / Karotten / Malz

Kalbshaxe

800 g Kalbshaxe ohne Knochen
Steinsalz
Pfeffermischung (Grundrezept)
braune Butter

Die Kalbshaxe mit Steinsalz und der Pfeffermischung würzen. Danach fest in Folie einrollen, damit sie eine gleichmäßige Form erhält. Die Rolle vakuumieren und im *Julabo-Wasserbad* bei 65 °C 48 Stunden garen lassen. Nach der Garzeit in Eiswasser kühlen und in Portionen schneiden. Vor dem Anrichten die Kalbshaxe im Wasserbad auf 60 °C erhitzen und in wenig brauner Butter kross anbraten.

Malz-Crumble

110 g Mehl Typ 550
50 g Malz
50 g Haselnüsse, fein gehackt
15 g Zucker
2 g Steinsalz
30 ml Bier
30 g Butter

Die Zutaten werden im Mixer gemischt und flach auf ein Backpapier verteilt. Anschließend bei 180 °C ca. 25 Minuten backen. Nach dem Erkalten nochmals kurz mixen, damit ein krümeliges Pulver entsteht.

MEINE BIEREMPFEHLUNG

Privatbrauerei Waldhaus
Waldhaus ohne Filter, naturtrüb

Wurzelpüree

100 g Knollensellerie
100 g Petersilienwurzel
200 g Schwarzwurzel
100 g weiße Karotten
600 ml Wasser
100 ml Weißwein
100 ml Sahne
50 g Butter
3 g Xanthan
Steinsalz
Muskatnuss

Die Wurzeln in Wasser und Weißwein weichkochen. Einen Teil der Kochflüssigkeit abnehmen und aufbewahren. Nun Sahne und Butter zu den Wurzeln geben und abermals aufkochen. Danach mit der Zugabe von Xanthan ein glattes Püree im Mixer herstellen. Sollte die Flüssigkeit zum Mixen nicht reichen, etwas von der aufbehaltenen Kochflüssigkeit verwenden. Schließlich mit Steinsalz und Muskatnuss würzen.

Kalbshaxe

Wurzelpüree / Karotten / Malz

Der Winter

So hat sich zwischen den beiden und ihrem Umfeld eine ganz besondere Zusammenarbeit entwickelt. Beide betonen, dass es keinerlei Druck gegeben habe, den *Michelin*-Stern zu erkochen. René und seine Frau waren dennoch immer vom ausgezeichneten Niveau der Küche überzeugt und wirkten unterstützend.

Beiden geht es aber auch darum, einen Chef am Herd zu wissen, der neugierig und herausfordernd mit den Produzenten arbeitet und immer beide Augen für Neues offen hat. „Er ist hier angekommen." „Der Stern tut uns gut", sagt Gessler, statistisch kehren 90 Prozent seiner Übernachtungsgäste in einer der vier Küchen des Hauses ein. Neben dem Renommee geht es ihm auch darum, dass es ein vielfältiges Angebot im Haus gibt, beim Essen wie bei den Übernachtungsmöglichkeiten. Seit 2016 verfügt das Haus über 83 Zimmer und 15 Suiten mit insgesamt 200 Betten.

Gesslers selbst sind Freunde der bodenständigen Küche, wenn sie „in toller Präsenz" auf dem Teller angerichtet ist. Mit den Ideen von Oliver sehen sie sich „zu 99 Prozent" im Einklang: „Beim Rest diskutieren wir", sagt er augenzwinkernd. Und ganz familiär.

Teatime: Das Hotel begrüßt Tagungsgäste in der Pause mit einem Samowar

Wellness: Im Jahr 2016 wurde der Spa-Bereich auf mehr als 400 Quadratmeter erweitert

Das Bild der ersten Wochen malt er nicht nur in strahlenden Farben: Er erinnert sich an Abende mit Bands, an denen sich gerade mal 100 Menschen unter Regenschirmen vor der Bühne im Innenhof versammelten. Wenn sich heute an Sommerabenden das nahezu Zehnfache an Besuchern einfindet, weiß er aber, dass damals der Startschuss fiel. Und dass er an diesen Weg geglaubt hat.

Dabei hat ihm auch ein unverstellter Blick geholfen, als er mit seiner Familie vom nordbadischen *Schloss Michelfeld* kam: Die Menschen hier stehen hinter den regionalen Produkten. „Es gibt gute Chancen, die Schätze des Upper Rhine Valley nach außen zu tragen", wie er im Stil eines Tourismusexperten sagt, der er definitiv auch ist. „Ich habe hier vermutlich auch Schönes entdeckt, das manchen Einheimischen entgeht."

In diesem Sinne verkauft er gern den Wein und die Produkte der Region und sieht sich dem Nachhaltigkeitsgedanken verpflichtet. Eine Verpflichtung, die auch durch die Geburt seiner inzwischen erwachsenen Kinder ein besonderes Gewicht erhielt. Beatrix und René Gessler haben Gänsestopfleber, Kaviar und Hummer von der Karte verbannt und durch regionale Produkte in hochwertiger Qualität ersetzt. „Es geht auch anders." Weil das Tierwohl in der Gastronomie sehr wohl eine Rolle spielen kann. Und weil ihnen die Gegend ans Herz gewachsen ist.

Dort ist Oliver Rausch schon länger angesiedelt. Er war einer der ersten Azubis in René Gesslers vorigem Schlossprojekt. Der freundschaftliche Kontakt ist über all die Jahre von Olivers „Wanderschaft", wie Gessler es nennt, erhalten geblieben. Als er 2007 das Schloss in Munzingen übernahm, konnte er ihn mit familiären Argumenten begeistern: Dass Kinder auf dem Land eben andere Dinge kennenlernen, überzeugte den eben Vater gewordenen Chefkoch. „Wir gehen mit", lautete seine Ansage.

PORTRÄT BEATRIX UND RENÉ GESSLER

Umtriebig sein

Beatrix und René Gessler haben im *Schloss Reinach* für viel frischen Wind
im Haus gesorgt und den alten Gutshof auf neue Säulen gestellt.
Eine davon ist Oliver Rausch, mit dem sie seit Jahren familiär zusammenarbeiten

Was zeichnet einen guten Hotelier und Betreiber mehrerer Restaurants aus? René Gessler, der mit seiner Frau Beatrix im Jahr 2007 das *Schloss Reinach* in Freiburg-Munzingen erstand, gibt die Antwort mit dem, was beide in nunmehr zehn Jahren dort aufgebaut haben: ein offenes Haus mit einem vielfältigen Angebot, erfüllt von Neugier und Mut, verankert in Regionalität und Nachhaltigkeit. Ein Haus, in dem Tagungsgäste, Gourmets, Wellnessfans und Ausflügler gleichermaßen willkommen sind.

Beim Start fand er ein Haus vor, das in guter, aber ausbaufähiger Substanz dastand. Erbaut während des Dreißigjährigen Krieges im 17. Jahrhundert, war es bis Ende der 60er Jahre des vergangenen Jahrhunderts ein Gutshof; erst seit etwa 1991 ist das fast vier Jahrhunderte alte Gemäuer überhaupt ein Restaurantbetrieb. „Wir haben das Haus von innen nach außen gedreht", sagt René Gessler über seine Neukonzeption. Mit der Eröffnung des vormals insolventen Betriebs war im Wesentlichen eine breit angelegte Erneuerung verbunden.

183

RAUSCH DER HERBST

Vanille-Crumble

140 g Mehl
50 g Demerara-Zucker
1 Vanillemark
80 g gehackte Mandeln
100 g Butter
1 Eigelb

Aus den Zutaten einen glatten Teig kneten. Diesen auf ein Backblech bröseln und bei 180 °C goldbraun backen.

Himbeeren und Vanille

48 Himbeeren
20 ml Läuterzucker
10 ml Himbeergeist
1 Vanillemark

Himbeeren mit Läuterzucker, Himbeergeist und dem Mark marinieren und als Sockel anrichten.

CREME BRULEE
Vanillesorbet / Himbeeren / Streusel

Weingut Dr. Heger
Muskateller Beerenauslese

Geeiste Crème Brulée

200 g Eiweiß
80 g Zucker zum Aufschlagen
175 ml Milch
175 ml Sahne
25 g Zucker
80 g Eigelb
15 g Speisestärke
200 g weiße Kuvertüre
Rohrohrzucker zum Karamellisieren

Das Eiweiß mit dem Zucker steif schlagen. Milch und Sahne aufkochen. Zucker, Eigelb und Speisestärke glattrühren und in die noch kochende Flüssigkeit einrühren. Anschließend die Kuvertüre unterziehen und das geschlagene Eiweiß unterheben. Die Masse in die gewünschten Formen gießen und einfrieren. Die gefrorene Creme anrichten, den Rohrohrzucker darüber gleichmäßig verteilen und mit einem Bunsenbrenner karamellisieren.

Vanillecreme

250 ml Vorzugsmilch
250 ml Sahne
5 g Agar
50 g Demerara-Zucker
2 Stk. Vanillemark
Steinsalz

Die Zutaten gemeinsam aufkochen. Danach gelieren lassen und, wenn die Masse fest ist, mit dem Mixer eine glatte Creme herstellen.

Vanillesorbet

250 ml Wasser
2 Vanillestangen
125 ml Läuterzucker
125 ml Riesling
Saft einer Zitrone
Steinsalz
2 g Iota

Das Wasser mit den Vanillestangen aufkochen und mixen. Durch ein feines Sieb passieren und die restlichen Zutaten zugeben. Die Masse auf 85 °C erhitzen, in die gewünschte Form gießen und einfrieren.

Crème Brulée
Vanillesorbet / Himbeeren / Streusel

RAUSCH DER HERBST

BUTTERMAKRELE
Fermentierte Steinpilze / Wintertrüffel / Senföl

Buttermakrele

12 Scheiben Buttermakrelen-Sashimi à 25 g
Steinsalz
Steinpilzöl
Steinpilzfond

Das Makrelensashimi mit dem Steinpilzöl, Fond und Steinsalz ca. 10 Minuten marinieren.

MEINE WEINEMPFEHLUNG

Weingut Julius Zotz
Weißer Burgunder Premium

Fermentierte Steinpilze

300 ml warmes Wasser
60 ml Apfelessig
15 g Demerara-Zucker
12 g Steinsalz
Thymian
Rosmarin
2 Knoblauchzehen
20 feste Steinpilze, in dünne Scheiben gehobelt

Die Zutaten für den Fond mischen und, wenn Zucker und Salz gelöst sind, auf die Steinpilze im vorbereiteten Einmachglas geben. Dieses offen bei Raumtemperatur drei bis vier Tage stehen lassen. Danach vier Wochen an einem kalten Ort lagern. Nach dieser Reifezeit können die Pilze verwendet werden.

Wintertrüffel

ca. 80 g Wintertrüffel
100 ml Wasser
2 g Steinsalz

Die Zutaten zusammen vakuumieren und im *Julabo-Wasserbad* bei 85 °C ca. 40 Minuten einmachen. Nach der Garzeit im Eiswasser abkühlen und dünn gehobelt verwenden.

Senföl

50 g Senfsaat
4 g schwarzer Pfeffer
4 g Fenchelsamen
150 ml Rapsöl
Dillblüten

Senfsaat, Pfeffer und Fenchelsamen leicht anrösten und mit Rapsöl aufgießen. Bei 60 °C 30 Minuten aromatisieren lassen, danach passieren. Das Öl erkalten lassen und damit das Gericht beträufeln. Zuletzt mit Dillblüten garnieren und servieren.

Buttermakrele

Fermentierte Steinpilze / Wintertrüffel / Senföl

RAUSCH DER HERBST

Pfirsich-Chutney

100 g Zwiebeln
300 g sehr reife Pfirsiche
½ Knoblauchzehe
1 Streifen Zitronenschale
Thymian
Rosmarin
Steinsalz
Pfeffermischung (Grundrezept)
100 ml Pflaumenwein
Iota, nach Bedarf

Zwiebeln, Pfirsiche, Knoblauch, Zitronenschale sowie Kräuter und Gewürze mit dem Pflaumenwein bei niedriger Hitze weichkochen. Die Flüssigkeit dabei ein wenig einkochen, damit eine Art Brei entsteht. Diesen durch ein grobes Passiersieb (Flotte Lotte) geben und schließlich wiegen. Auf 100 g Püree werden nun 0,5 g Iota beigegeben und die Masse auf mindestens 85 °C erhitzt. Das Chutney am Ende nochmals abschmecken und erkalten lassen.

Gebratenes Gemüse

Für gebratenes Gemüse gibt es keine Grenzen. Ich verwende Gemüse aus dem wilden Garten von Klaus Vorgrimmler. In diesem Fall waren es Pastinaken, Möhren, junger Lauch, Zucchiniblüten, Salbei, Portulak und Rote-Beete-Triebe, die zusammen einen herrlichen Geschmack ergeben.

RIB-EYE VOM KALB
Cashewkerne / Pfirsich / Knoblauch-Ferment

Rib-Eye vom Kalb

4 Stk. Rib-Eye vom Kalb à 180 g
braune Butter
Pfeffermischung (Grundrezept)
Steinsalz

Die Rib-Eye-Stücke mit der Pfeffermischung würzen. Diese dann vakuumieren und im *Julabo-Wasserbad* 70 Minuten bei 56 °C garen. Nach der Garzeit nochmals in brauner Butter braten und schließlich salzen.

Cashewkerne

200 g Cashewkerne
500 ml Wasser
ca. 3 g Xanthan
Steinsalz

Die Kerne mit dem Wasser in einem Standmixer zu einem sehr glatten Püree mixen. Anschließend mithilfe des Xanthanpulvers binden und mit Steinsalz würzen.

Kalbsjus mit Tomaten-Ferment

100 ml Kalbsjus (Grundrezept)
50 g fermentierte Tomatenwürfel (Grundrezept)
gerösteter Koriander
Steinsalz

Die Kalbsjus und das Tomaten-Ferment nach Grundrezepten herstellen. Die Tomaten vor dem Servieren in die Jus geben und nach Belieben etwas Koriander und Steinsalz zugeben.

MEINE WEINEMPFEHLUNG

Weingut Klaus Vorgrimmler
Spätburgunder Rotwein Barrique

Knoblauchpüree

400 ml Gemüsebrühe
50 g Zwiebeln
100 g Knollensellerie
50 g Weißes vom Lauch
150 g schwarzer, fermentierter Knoblauch
ca. 2 g Xanthan
Steinsalz

Die Zutaten in der Gemüsebrühe weichkochen, sodass am Ende fast keine Brühe mehr übrig bleibt. Danach wird alles mithilfe des Xanthanpulvers im Mixer fein püriert. Am Ende gegebenenfalls noch mit Steinsalz würzen.

Rib-Eye vom Kalb

Cashewkerne / Pfirsich / Knoblauch-Ferment

PORTRÄT KLAUS VORGRIMMLER

Dosis von fünf Gramm pro Hektar –, inspiriert längst auch konventionelle Weingüter. Hornkiesel, ein zu Pulver zermahlener 200 Millionen Jahre alter Bergkristall, der Lichtimpulse gegen Nässe setzt, Sonne auf die Blätter bringt und die Pflanze in Balance bringen soll, das ist heute keine Kauzigkeit mehr oder im Aberglauben angesiedelt, sondern für viele Winzer hilfreicher, als Chemie über die Reben zu schütten.

Im Vorgrimmler'schen Gut kommt die Balance noch ganz anderen Produkten zugute, das sind vor allem jene, die Oliver Rausch bei ihm für die Küche bezieht, nicht fürs Glas: Denn neben dem Kerngeschäft mit dem Wein findet sich bei Klaus noch ein Gemüsegarten im japanischen Stil, vor allem aber ein liebevoll gepflegtes Kräutergärtlein nach Art Hildegard von Bingens. Darüber sind sie ins Gespräch gekommen, Oliver lernte den anderen Blick auf die wesentlichen Dinge schätzen: dass mit dem Kräutergarten durchaus etwas getan wird für den Erhalt der Fauna, zum Beispiel den Fortbestand der Bienen in der Region.

Dies geschieht mithilfe von Kräutern wie Salbei und Rosmarin, aber auch Unüblichem wie Mönchspfeffer, Gänsefuß, Disteln – Gewächsen, die nicht sofort zugänglich sind, aber gut fürs Wohlbefinden und den Geschmack. Und damit Geist und Körper anregen, wie es auch der Wein von Klaus Vorgrimmler tut. Denn jenseits aller Philosophie über den richtigen Ausbau soll Wein am Ende Menschen verbinden und das Miteinander anregen, sagt Klaus. Das ist vielleicht das Wichtigste an seinem Einsatz für ein jahrhundertealtes Kulturgut.

In guten Händen: Klaus Vorgrimmlers Lesegut

Respekt vor Pflanze und Tier: In der Umgebung des Weinguts werden Flora und Fauna gepflegt

vermutlich nicht ins Gespräch einflechten würde. Er erklärt, wie man „das Richtige tut und das Falsche lässt", dass die Rebe mit Einflüssen von Jupiter und Saturn eine absolute Sonnenpflanze ist, dass es beim Wein aufs Feinstoffliche ankommt, wie sich kosmische Energien auf die Reproduktionskraft der Pflanze auswirken.

Über all das kann er ausdauernd sprechen und man hört ihm gerne zu, wenn er zwischendurch Reflexionen zur französischen Sprache einflicht oder seine Passion für den Respekt vor der Pflanze schildert. Zu seinem ganzheitlichen Ansatz gehört auch die Gestaltung eines Hofs, auf dem nicht alles der Ökonomie untergeordnet ist.

Wenn er den Maria-Thun-Kalender als Hilfestellung bezeichnet, dann auch deshalb, weil er daraus gelernt hat, auf die eigenen Beobachtungen zu vertrauen. Wer wie Oliver Rausch hin und wieder morgens bei Klaus Vorgrimmler vorbeischaut, kann den Hausherrn dabei antreffen, wie er eine Stunde die Wolkenformationen in Richtung Jura betrachtet, um vorherzusagen, was das richtige Tun für diesen Tag ist. Klaus Vorgrimmler produziert auf seinem Demeter-Weingut unverwechselbare Burgunder und Chardonnays, seit mehr als 30 Jahren ohne Dünger und selbstverständlich auch ohne Trend-Zusätze wie Gummi arabicum, das von der ZEIT einmal als „Botox für den Wein" bezeichnet wurde. Ein weißes Wunderpulver, gewonnen aus Akazienharz. Bierschaum wird damit stabilisiert, Wein harmonisiert.

Klaus würde so einen Zusatz niemals verwenden. Sein Selbstverständnis ist, dass am Wein draußen gearbeitet wird, nicht im Keller. Und das Erstaunliche an seinen Weinen ist eben, dass sie genau das in hohem Maße mitbringen, was andere, selbst Biowinzer, mit dem genannten Mittelchen herbeizaubern wollen: ein wunderbares Mundgefühl.

Als Winzer verwahrt sich Klaus gegen das, was das Getränk zum industrialisierten, immer gleichen Produkt macht. Er füllt klare, präzise, manchmal auch kantige Weine ab, bei denen die einzelnen Jahrgänge weiterhin unterscheidbar sind. Damit ist er inzwischen weit über die Demeter- und Bio-Welt hinaus bekannt geworden. Seine Methodik, allem voran das Ausbringen von Hornkiesel – Klaus tut dies in der wahrlich homöopathischen

PORTRÄT KLAUS VORGRIMMLER

Eins mit den Elementen

Der Winzer Klaus Vorgrimmler arbeitet mit besonderen Methoden im Weinbau – das Entscheidende findet bei ihm in der Natur statt, nicht im Keller

Ein wenig ist es wie ein Besuch beim Medizinmann, wenn Klaus Vorgrimmler in seiner Küche vom Weinmachen nach der Maria-Thun-Methode erzählt. Der Kalender der Biodynamik-Pionierin (1922 bis 2012) ist so etwas wie die Bibel des Pflanzenanbaus. Jedes Jahr erscheint eine Neuauflage mit Hinweisen, welches die besten Zeitpunkte für Aussaat und Ernte sind. Für Klaus Vorgrimmler, der in Freiburg-Munzingen sein Weingut betreibt, ist die anthroposophische Methode der einstigen Krankenschwester Thun eine „Hilfestellung". Sie gebe ihm Anhaltspunkte, sagt er, Dinge bewusst zu tun statt in „irgendwas machen"-Aktionismus zu verfallen. Im Kalender schaut er nach, welche Lichtimpulse zu erwarten sind, wann der richtige Tag für den Schnitt ist, um auf Blatt- und Blütetage zu achten und die sogenannten Wurzel- und Fruchttage zu nutzen. Ein Mann im Einklang mit den Elementen: Wer sich mit Klaus unterhält, nimmt vieles auf, was ein konventioneller Winzer

RAUSCH **DER HERBST**

161

STEINBUTT
Eigelb / Erbsen / Morcheln

Steinbutt

4 Tranchen vom Steinbutt à 150 g
braune Butter
Steinsalz

Den Steinbutt in wenig brauner Butter bei mäßiger Hitze anbraten. Anschließend würzen und in der Pfanne garziehen lassen. Die Tranche sollte im Kern noch glasig sein.

Erbsengemüse

120 g Mini-Morcheln
160 g Kartoffelperlen, blanchiert
Macadamiaöl
120 g Erbsen, blanchiert
Steinsalz
Akaziensamen

Die Morcheln und die Kartoffelperlen werden in wenig Maccadamiaöl angebraten. Schließlich die Erbsen hinzugeben und das Ganze mit Steinsalz und Akaziensamen würzen.

Brotchips

altbackenes Baguette
Erdnussöl
Steinsalz

Das Baguette in feine Scheiben schneiden und diese in Erdnussöl goldbraun und knusprig backen. Die Chips schließlich auf Küchenkrepp abtropfen lassen und mit Steinsalz würzen.

MEINE WEINEMPFEHLUNG

Weingut Kalkbödele
Spätburgunder „Alte Rebe"

Eigelb

8 Eier
Steinsalz

Die Eier 60 Minuten bei konstant 63 °C im *Julabo-Wasserbad* garen. Diese nach der Garzeit aufschlagen und das Eiweiß entfernen. Das Eigelb leicht salzen und anrichten.

Wermutbutter

100 g Schalotten
30 g braune Butter
1 Prise Rohrohrzucker
1 cl Bergamotte aus Kalabrien
2 Stangen Rosmarinholz
200 ml Belsazar white
100 ml Belsazar dry
500 ml Fischbrühe
Saft von zwei Bergamotten
100 g kalte Butter
Steinsalz

Die Schalotten in ca. 0,5 cm große Würfel schneiden. Diese in brauner Butter und Rohrzucker karamellisieren, anschließend mit dem Bergamottsaft ablöschen. Das Rosmarinholz, beide Belsazar-Wermuts und die Fischbrühe zugeben und auf die Hälfte reduzieren. Zuletzt die Soße passieren, mit kalter Butter montieren und würzen.

Steinbutt

Eigelb / Erbsen / Morcheln

RAUSCH DER HERBST

Selleriepüree

    400 g Knollensellerie
    800 ml Wasser
    100 ml Weißwein
    100 ml Sahne
    50 g Butter
    3 g Xanthan
    Steinsalz
    Muskatnuss

Den Knollensellerie in Wasser und Weißwein weichkochen. Etwa die Hälfte der Kochflüssigkeit abnehmen und aufbewahren. Nun Sahne und Butter zum Sellerie geben und abermals aufkochen. Danach mit der Zugabe von Xanthan im Mixer ein glattes Püree herstellen. Sollte die Flüssigkeit zum Mixen nicht reichen, etwas von dem aufbehaltenen Fond verwenden. Am Ende mit Steinsalz und Muskatnuss würzen.

Himbeerjus

    60 g Zwiebeln
    1 Knoblauchzehe
    2 Rosmarinzweige
    60 ml Himbeer-Balsamessig
    600 ml Wildfond
    30 g kalte Butter
    12 Himbeeren

Zwiebeln, Knoblauch, den Rosmarin und Balsamessig zusammen mit dem Wildfond auf ca. 120 ml einkochen und passieren. Die Jus anschließend mit kalter Butter montieren. Kurz vor dem Anrichten die Himbeeren vorsichtig zum Erwärmen in die Jus geben.

REHRÜCKEN
Schwarzwurst / Kaiserling / Himbeere

Rehrücken

4 Stk. Rehrücken à 160 g, küchenfertig
Pfeffermischung (Grundrezept)
braune Butter
Steinsalz
Rosmarin

Den Rehrücken pfeffern und in wenig brauner Butter von beiden Seiten anbraten. Diesen dann abkühlen lassen und vakuumieren. Anschließend bei 65 °C 12 Minuten im *Julabo-Wasserbad* garen. Zuletzt in wenig brauner Butter und etwas Rosmarin nachbraten und salzen.

Schwarzwurstpüree

50 g Zwiebeln
200 g Steinchampignons
100 g Knollensellerie
30 g Butter
200 ml Wildbrühe (Grundrezept)
200 g Schwarzwurst
3 g Xanthan
Steinsalz
Pfeffermischung (Grundrezept)

Zwiebeln, Steinchampignons und Knollensellerie in ca. 1 cm große Würfel schneiden und in Butter farblos anschwitzen. Mit der Wildbrühe ablöschen und die Gemüse weichköcheln. Nun die Schwarzwurst hinzugeben und im Mixer mit Zugabe von Xanthan zu einem glatten Püree verarbeiten. Zuletzt mit Steinsalz und der Pfeffermischung abschmecken.

MEINE WEINEMPFEHLUNG

Hervé Flipo
Château Prieuré Sainte-Anne, Magnum

Schwarzwurst-Crumble

40 g Rauchmandeln, gehackt
40 g Panko-Panierbrot
50 g Butter
5 g gehackter Thymian
5 g Kakaopulver
10 g Kakaonibs
100 g Schwarzwurst in kleinen Würfeln
Steinsalz
Pfeffermischung (Grundrezept)

Die Mandeln zusammen mit dem Panierbrot in der Butter goldbraun rösten. Danach den Thymian, das Kakaopulver und die Nibs zugeben. Anschließend die Schwarzwurstwürfel untermengen und würzen. Das Ganze beim Anrichten lauwarm auf das Reh geben.

Kaiserlinge

400 g Kaiserlinge
50 g braune Butter
Steinsalz

Die Kaiserlinge putzen und in Scheiben schneiden. Diese dann kurz vor dem Anrichten in brauner Butter kurz anbraten und würzen.

Rehrücken

Schwarzwurst / Kaiserling / Himbeere

RAUSCH DER HERBST

BUTTERMAKRELE
Schweinebauch / Malabarspinat / Tomaten-Kümmel-Jus

Buttermakrele

4 Stk. Buttermakrele à 120 g, küchenfertig
Steinsalz
braune Butter

Die Makrelenstücke kurz vor dem Servieren salzen und von beiden Seiten in brauner Butter goldbraun braten. Mit rohem Kern servieren.

MEINE WEINEMPFEHLUNG

Weingut Kalkbödele
Grauburgunder Reserve

Schweinebauch

400 g Bauch vom Berkshire-Schwein
200 ml ewige Soße (Grundrezept)
Steinsalz
Kümmel
Pfeffermischung (Grundrezept)

Das ca. 3 cm dicke Bauchstück zusammen mit der ewigen Soße vakuumieren. Dieses nun im *Julabo-Wasserbad* 36 Stunden bei konstant 65 °C garen. Nach der Garzeit in Eiswasser kühlen und danach in Form schneiden. Vor dem Servieren anbraten und mit Steinsalz, der Pfeffermischung und feinem Kümmel würzen.

Malabarspinat

200 g Malabarspinatblätter und -knospen
50 g Butter
Steinsalz
Pfeffermischung (Grundrezept)
80 g blanchierte, frische Feuerbohnen

Die Spinatblätter und -knospen werden in der Butter sautiert und gewürzt. Zuletzt die Feuerbohnen zugeben.

Tomaten-Kümmel-Jus

60 g Zwiebeln
½ Knoblauchzehe
10 ml Haselnussöl
20 ml Kümmelbrand
600 ml Tomatenbrühe (Grundrezept)
0,8 g Iota
Steinsalz
Kümmelpulver

Die Zwiebeln und den in Würfel geschnittenen Knoblauch in Haselnussöl anbraten und mit dem Kümmelbrand ablöschen. Nun mit der Tomatenbrühe auffüllen und nach dem Passieren auf 240 ml Flüssigkeit einkochen. Diese mit dem Iotapulver verrühren und auf mindestens 85 °C erhitzen. Die Jus mit Steinsalz und Kümmelpulver abschmecken.

Buttermakrele

Schweinebauch / Malabarspinat / Tomaten-Kümmel-Jus

PORTRÄT HOFGUT SILVA

und Herz für Gallertgerichte kaufen. Judith handelt mit allem vom Schwein; auch Innereien oder eben selbstgemachte Salami, Schinken und fetter Lardo-Speck gehören zum Sortiment. Inzwischen reicht ihr Kundenstamm im Norden bis nach Wiesbaden, im Süden bis nach Lörrach, wo die edle Supermarktkette *Hieber* mit Fleisch vom *Hofgut Silva*, so der Name von Judiths Zucht, handelt. Längst hat sie auch Hühner auf dem Hof angesiedelt, die mit dem gleichen Qualitätsanspruch aufgezogen werden. Alle Produkte werden schockgefrostet auch übers Internet vertrieben und verlieren durch diese Art der Haltbarmachung wenig Wasser.

Silva steht im Lateinischen für „Wald", und es ist alles andere als selbstverständlich, dass die Tiere an so einem Ort aufwachsen. Judith versteht sich als Tierfreundin, ihr ist es auch wichtig, dass die Tiere zur Schlachtung nicht wie üblich durchs ganze Land, sondern nur innerorts wenige Kilometer transportiert werden.

Nachdem 2013 die ersten Tiere aus England eingetroffen waren, kamen auf dem Hofgut im April 2014 dann die ersten Ferkel zur Welt; die erste Schlachtung fand im Herbst desselben Jahres statt. Im Jahr 2017 konnte Judith die Schweineschar um weitere Stämme der gleichen Rassen aus England erweitern.

In den acht Wochen vor ihrer allerersten Schlachtung hat sie jeden Montag bei der wöchentlichen Schlachtung im gleichen Ort verbracht, um sich akribisch vorzubereiten. Noch heute ist sie jedes Mal dabei, wenn die Sauen im Alter zwischen zehn Monaten und zwei Jahren geschlachtet werden. Die Eber sind nach fünf bis zehn Monaten schlachtfähig, ehe sie geschlechtsreif werden und sich der Geruch verändert.

Raus aus dem Bankgeschäft, um Schweinezucht zu betreiben: für Judith Wohlfahrt eine Beschäftigung, die sie nicht mehr eintauschen möchte. Auch wenn es für sie bedeutet, dass sie heute 60 Stunden an sechs Tagen die Woche ihrer Berufung folgt, Messebesuche nicht eingerechnet, um weit entfernt von Lobbys und traditioneller Agrarwirtschaft einem ganz besonderen Weg zu folgen – „schöne Schweine" sind ihre Berufung geworden.

Einer der ersten Abnehmer: Oliver Rausch auf Tuchfühlung mit einem der *Berkshire*-Schweine

Wissen, wie die Tiere aufwachsen: Judith Wohlfahrt ist auch bei Minusgraden in Erklärlaune

Tamworth gab es noch nicht in Deutschland, die *Berkshire*-Schweine gerade zweimal bei Züchtern. Jetzt quieken die schwarzen *Berkshires* und die fuchsroten *Tamworths* ausgerechnet bei einem Branchen-Neuling. Erstere sind fleischiger und haben kurze Beine, das Fleisch, das sie geben, ist eher gräulich-dunkel. Die zweite Rasse ist langbeinig, geländegängig und liefert magereres Fleisch. Voraussetzung für die Entscheidung zur Zucht beider Rassen war, dass sie im Freien und auf den Steilhängen des Hofs gut zurechtkommen.

Was hat die junge Frau dazu motiviert? Sie fand schlicht, dass es auf dem Markt kein gutes Schweinefleisch gibt. Sie kannte die Klagen von Metzgern, die über die Qualität jammern. Und sie hat unerschrocken daran geglaubt, dass sich das Gute durchsetzt.

Zugleich wollte sie von Anfang an Transparenz in der Schweinezucht und -schlachtung zeigen. Keine fabrikartigen Zustände ohne Einblicke für die Öffentlichkeit, wie es gerade bei Schweinen häufig vorkommt. Sondern ein offener Betrieb, der nach ihren Aussagen aber kein „Streichelzoo" ist, sondern sehr wohl den Nutztiercharakter im Auge behält. Und trotzdem ein offener Ort, an dem der Respekt für das Tier bei Aufzucht und Schlachtung zu erleben ist.

Sie hat es mit zwei Rassen probiert, in der Hoffnung, dass sich eine durchsetzen wird. Es ist ihr mit beiden gelungen. Judith war klar, dass der Marktzugang über die hochwertige Gastronomie erfolgen muss. Wenn sie mit hochwertigen Erzeugnissen etwas bewegen wolle, müsse das „von oben nach unten gehen", dessen war sie sich bewusst, sagt sie heute. Bei Preisen, die teilweise fünfmal so hoch sind wie übliche Großmarktware, musste sie in der Spitzengastronomie anklopfen. Auch das hat sie gut hinbekommen: Namhafte Betriebe haben ihr zwar die Tür vor der Nase zugeworfen, aber es gab auch einige, die sie mit ihren Kostproben überzeugen konnte. Drei-Sterne-Koch Marc Haeberlin aus Illhaeusern im Elsass zum Beispiel. Oder eben Oliver Rausch, der der Erste war. Von der Idee, nur ganze oder halbe Schweine aus der Schlachtung zu liefern, musste sie sich jedoch verabschieden.

Oliver erinnert sich noch an den Anruf damals: „Ich bin Schweinezüchterin und würde gerne bei Ihnen vorbeikommen." Er zählt zu den frühen Unterstützern des Betriebs und der Idee dahinter. Und bezieht heute auch besondere Teile wie Schweinekinn oder Füße, die ansonsten quasi „ausgestorben" sind. Am Hofgut von Judith schätzt er, dass nicht nur die Tiere umherwühlen können, sondern auch ihre Halterin „nie im Stillstand" verharrt, sondern immer auf dem Weg ist und neue Dinge ausprobieren will. Mit ihrem Fleisch und mithilfe der Metzgerei Kaltenbach hat er eine seligmachende Schwarzwald-Salami mit Kirsche und Fichtensprosse kreiert.

Judith ist froh, wenn Restaurants ihr nicht nur die hochwertigen Rücken abnehmen, sondern auch auf die tolle Qualität von Bauch und Haxe, unüblich in der filigranen Sternegastronomie, zurückgreifen. Oder Köpfe, Zunge

PORTRÄT HOFGUT SILVA

Schwein haben

Judith Wohlfahrt entschied sich gegen den Job bei der Bank und stieg in die Zucht edler Schweinerassen ein – eine ganz besondere Haltung

 „Schöne Schweine"– das ist der Titel eines Buchs, das heute noch auf der Ofenbank von Judith Wohlfahrt im Ortenauer Oberkirch liegt. Vor vier Jahren war der Titel ihre Initialzündung, aus dem Bankgeschäft auszusteigen und auf die Zucht von Schweinen zu setzen.

Mit Hilfe des Buchs, vor allem aber nach Abschluss eines Masters in Agrarwissenschaft machte sie sich auf die Suche nach zwei Rassen, die als Nutztiere gutes Fleisch liefern. Sie fand die britischen Arten *Tamworth* und *Berkshire*.

Über die *Tamworth*-Rasse ist im Buch zu lesen, dass es laufen könne wie ein Rennschwein, ein wunderbares Freilandschwein sei, aber nichts für Neulinge in der Zucht. „Es wurde nach Nordamerika, Australien und Neuseeland exportiert." „Und nach Deutschland", kann man hinzufügen. Judith ist die erste Züchterin, die das Tier hierzulande eingewöhnt hat. Und wie! Auf dem Hof, den sie mit ihrer Mutter aus einer Zwangsversteigerung gelöst hat, finden aktuell rund 80 Schweine auf einem hügeligen Gelände von 15 Hektar Platz. Nur zum Vergleich: Das entspricht der Fläche von etwa 21 Fußballfeldern. Ein wundervoller Ort mit Gehegen, die Platz für extensive Freilandhaltung bieten. Judith sagt, dass die Schweine bei ihr natürliche Verhaltensweisen wie Wühlen und Suhlen ausleben können; dafür sorgen auch die vielen Wasserquellen auf dem Gelände.

Die Flora bietet mit Kastanien- und Nadelbäumen ideale Voraussetzungen. Judiths Schweine finden ihr Futter in erster Linie in dieser natürlichen Umgebung: Gräser, Früchte, kleine Tiere, Nüsse und Wurzeln. Hinzu kommen Getreidemischungen. Beide Rassen setzen ihr geschmacksstarkes Fett langsam an.

RAUSCH DER HERBST

Haselnuss-Crumble

140 g Mehl
50 g Demerara-Zucker
1 Vanillemark
80 g gehackte Haselnüsse
100 g Butter
1 Eigelb

Aus den Zutaten einen glatten Teig kneten. Diesen auf ein Backblech bröseln und bei 180 °C goldbraun backen.

Salzige Zitronen

20 g Salzzitronen, Schale in Streifen

Salzige Zitronen gibt es im Handel zu kaufen. Sie sind ursprünglich eine nordafrikanische Spezialität. Mit dem außergewöhnlichen Zitronenaroma und dem salzigen Kontrast zur Süße runden sie das Gericht perfekt ab.

FEIGENBLATT
Feige / Haselnusscreme / Salzige Zitrone

Feigencarpaccio

6 Feigen
20 ml Feigenblattfond

Die Feigen schälen und zwischen zwei Folien plattieren. Anschließend anrichten und mit dem Feigenblattfond beträufeln.

MEINE WEINEMPFEHLUNG

Weingut Landmann
Gewürztraminer

Feigenblattfond und Granita

1 l Wasser
1 Vanillestange
450 g Demerara-Zucker
1 Zitrone
10 Feigenblätter

Das Wasser mit Vanille, Zucker und Zitrone aufkochen und die gewaschenen Feigenblätter damit übergießen. Den Fond mindestens drei Stunden ziehen lassen. Danach passieren und kaltstellen. Für die Granita den Feigenblattfond flach in ein Gefäß geben und gefrieren lassen. Vor dem Anrichten kleine Splitter ausbrechen.

Haselnusscreme

200 ml Vollmilch
10 g Glukose
9 g Gelatine
140 g Kuvertüre (70 %)
170 g weiße Schokolade
50 g Haselnusspüree
400 g kalte Sahne, flüssig

Die Milch mit der Glukose aufkochen und darin die eingeweichte Gelatine lösen. Nun die im Wasserbad geschmolzene Kuvertüre und Schokolade dazugeben. Danach das Nusspüree und die kalte Sahne. Die Creme mindestens zwei Stunden in die Kühlung stellen, anschließend gegebenenfalls einmal glattmixen.

Feigensorbet

400 g Feigenpüree
100 ml Apfelsaft
40 g Muscovado-Zucker
20 g Demerara-Zucker
30 g Glukose
Saft einer halben Zitrone
50 g Feigensenf

Alle Zutaten in einen Topf geben und aufkochen. Nach dem Abkühlen im *Pacojet-Becher* 24 Stunden einfrieren oder in *Silpat-Matten* in die gewünschte Form gießen und dann einfrieren.

Feigenblatt

Feige / Haselnusscreme / Salzige Zitrone

RAUSCH DER HERBST

Hirsch-Jus

60 ml Schwarzwald-Balsamico
60 g Zwiebeln
1 Knoblauchzehe
600 ml Hirschfond (Grundrezept)
2 Fichtenzweige
30 g kalte Butter
12 Herzkirschen
100 ml Kirschsaft

Den Essig und den Kirschsaft zusammen mit den Zwiebeln und dem Knoblauch reduzieren. Dies mit dem Fond auffüllen und bis zum gewünschten Geschmack zusammen mit den Fichtenzweigen einkochen. Die Soße durch ein feines Sieb passieren und mit kalter Butter montieren. Vor dem Servieren die halbierten, entsteinten Herzkirschen in die Soße geben.

Kartoffel-Crumble

100 g gekochte Kartoffeln, mehlig
Erdnussöl zum Frittieren
100 g Panko-Panierbrot
30 g Thymian
Steinsalz

Die Kartoffeln durch eine Presse drücken und in Öl frittieren. Ebenso das Panierbrot und den Thymian. Alles sehr gut auf Papiertüchern entölen, vermengen, mit Steinsalz würzen und leicht mixen. Schließlich vor dem Anrichten erwärmen und als Crunch-Textur auf den Hirsch geben. Als Gemüse empfiehlt sich ein wenig gebratener Portulak.

SCHWARZWÄLDER HIRSCH
Biskuit / Kirsche / Petersilienwurzel

Hirschrücken

4 Stk. Hirschrücken à 160g
Butter zum Braten
Pfeffermischung (Grundrezept)
80 g braune Butter
Steinsalz

Den Rücken in wenig Butter anbraten und mit der Pfeffermischung würzen. Zusammen mit der braunen Butter vakuumieren und im *Julabo-Wasserbad* 14 Minuten bei 65 °C garen. Das Fleisch nach der Garzeit von allen Seiten anbraten und salzen.

Blutbiskuit

120 g Eigelb
120 g Eiweiß
40 g Demerara-Zucker
3 g Steinsalz
40 ml Kalbsblut
60 g Mehl
5 g Pfeffermischung (Grundrezept)
15 g Kakaopulver
45 g braune Butter

Alle Zutaten, mit Ausnahme der braunen Butter, mixen und durch ein feines Sieb passieren. Die Masse in einen *Isi-Whip-Siphon* füllen und in Pappbecher spritzen. Diese bei 900 Watt ca. 45 Sekunden in der Mikrowelle garen und danach erkalten lassen. Den Biskuit schließlich aus dem Becher lösen und vor dem Servieren in brauner Butter anbraten.

MEINE WEINEMPFEHLUNG

Weingut Heinemann
Blauer Spätburgunder Selection "S"

Petersilienwurzelpüree

400 g Petersilienwurzel
600 ml Wasser
100 ml Weißwein
50 g Butter
100 ml Sahne
Steinsalz
Muskatnuss
3 g Xanthan

Die Petersilienwurzel in Wasser und Weißwein weichkochen. Sobald die Flüssigkeit komplett verkocht ist, die Butter und die Sahne hinzugeben und mit Steinsalz und Muskatnuss würzen. Die Masse gut trocken kochen und mithilfe von Xanthan zu einem glatten Püree mixen.

Schwarzwälder Hirsch

Biskuit / Kirsche / Petersilienwurzel

RAUSCH DER HERBST

Kürbiskerne und Kernöl

80 g Kürbiskerne
1 Vanillestange
Steinsalz
20 ml Kürbiskernöl

Die Vanillestange auskratzen und das Mark zum Kernöl geben. Die Vanillestange zusammen mit den Kernen in einer Pfanne ohne Öl trocken rösten und salzen. Kerne und Öl als Topping auf dem Gericht verteilen.

Belper Knolle

1 Belper Knolle

Die Belper Knolle mit dem Käsehobel über den Kürbissalat hobeln.

Safran-Vinaigrette

25 ml Tomatenbrühe (Grundrezept)
1 g Safranfäden
90 ml Olivenöl
125 ml Rapsöl
60 ml Nussöl
10 ml Arganöl
10 g Dijon-Senf, fein
10 g Meerrettich
30 ml weißer Balsamessig
40 ml Hopfen-Balsamessig
Steinsalz
Pfeffermischung (Grundrezept)

Die Safranfäden in der Tomatenbrühe aufkochen und 10 Minuten ziehen lassen. Senf, Meerrettich und Tomatenbrühe in ein hohes Gefäß geben und mit dem Pürierstab vermengen. Nun langsam unter stetigem mixen die Öle zugeben. Zuletzt die Essige zugeben und alles würzen.

KÜRBISSALAT
Safranvinaigrette / Kürbiskrapfen / Belper Knolle

Kürbis-Ferment

200 g Butternut-Kürbis in Stücken
200 ml warmes Wasser
40 ml Essig (Rotweinessig, Apfelessig, Reisessig, Weißweinessig usw.)
10 g Rohrohrzucker
10 g Steinsalz

Den Kürbis in die gewünschte Form bringen und aus den restlichen Zutaten eine Lake herstellen. Den Kürbis in ein Einmachglas oder einen Einmachtopf geben und mit der Lake bedecken. Dies nun drei bis vier Tage bei Zimmertemperatur offen stehen lassen. Nach dieser Zeit ein bis vier Wochen geschlossen in der Kühlung lagern.

MEINE WEINEMPFEHLUNG

Weingut Klaus Vorgrimmler
Pinot Blanc de Noir

Sweet-Dumpling-Kürbis

1 Sweet-Dumpling-Kürbis
Steinsalz
Olivenöl
Rosmarinholz
Knoblauch

Den Kürbis in Spalten schneiden, mit den restlichen Zutaten marinieren und eine Stunde stehen lassen. Vor dem Servieren bei geringer Hitze anbraten bis der Kürbis gar ist.

Hokkaidopüree

600 g Hokkaido-Kürbisfleisch
Rosmarinholz
30 ml Kürbiskernöl
Steinsalz
Piment d'espelette
1–3 g Xanthan

Das Kürbisfleisch in eine feuerfeste Form geben und mit Kernöl und Gewürzen marinieren. Nun bedeckt bei 180 °C im Ofen weich schmoren. Danach im Mixer mit Xanthan fein pürieren. 200 g ungemixtes Kürbisfleisch für die Kroketten aufbewahren.

Hokkaidokrokette

50 g Mehl Typ 550
10 g Speisestärke
15 g Butter
75 ml Wasser
1 Ei
200 g geschmortes Hokkaidofleisch
Steinsalz
Piment d'espelette
Panko-Paniermehl
Erdnussöl zum Frittieren

Das Wasser mit der Butter aufkochen, Mehl und Speisestärke mischen und zugeben. Mit dem Holzlöffel rühren bis sich ein fester Kloß vom Topfboden abbrennt. Das Ei mit der Rührmaschine einrühren und das Kürbisfleisch und die Gewürze zugeben. Die Masse zu Nocken abstechen und in Panko-Panierbrot wälzen. Vor dem Servieren in reichlich Erdnussöl frittieren.

Kürbissalat

Safranvinaigrette / Kürbiskrapfen / Belper Knolle

Der Herbst

PORTRÄT ATTILA JOZSEF

Menschen, Teller, Emotionen

Der Fotograf Attila Jozsef hielt in diesem Buch mehr als nur
Essen fest – er zeigt Charaktere und Momente

rsprünglich wollte er nach seiner Bauzeichnerlehre Architekt werden, die allzu trockenen Themen rund um Planung und Statik machten ihn schließlich zum Fotografen: Attila Jozsef, 1980 im rumänischen Siebenbürgen geboren und seit seinem neunten Lebensjahr in Freiburg, fand über die Werbung zu seiner Leidenschaft. Seit 2006 übt er seinen Beruf in Selbstständigkeit aus. Waren es zu Beginn Fotos von Produkten, Menschen und Gebäuden, sind es heute vor allem Events und Porträts, die die Arbeit des zweifachen Familienvaters ausmachen.

Bei Veranstaltungen im *Schloss Reinach* lernten er und Oliver Rausch sich kennen. Der kam irgendwann mit Attila auf die Idee dieses Buches zu sprechen („Ich hab' ein Attentat auf dich vor") und schilderte zugleich konkrete Vorstellungen von der Fotografie der Rezepte und Menschen – eine echte Herausforderung: Für Attila zählt das Ablichten von Essen ohnehin zu den schwierigeren Disziplinen seines Berufs. Die Vorstellungen von Oliver waren eine weitere Aufgabe. „Die Gerichte selbst sollten so zu sehen sein, wie sie im Restaurant serviert werden",
beschreibt Attila das gestalterische Konzept. Was in Sachen Echtheit so selbstverständlich klingt, ist es keineswegs: Nur zu gern wird in der Food-Fotografie ein wenig nachgeholfen. Stylisten halten mit Kleber, Lack und anderen Hilfsmittelchen auf dem Teller zusammen, was sonst für ein Foto schwer fixierbar wäre. Attila musste allerdings für dieses Buch nicht nur die Gerichte so frisch zubereitet festhalten, dass sie ein „Bitte anbeißen" ausstrahlen. Auch die immer wieder verschiedenen Untergründe, die er und Oliver jeweils ausheckten, setzen bewusst Akzente gegenüber Motiven, die nur auf eine kalte Glasplatte gesetzt werden: Holz, Schiefer, auch Uhrenmechanik und sogar eine eigens ausgehängte Tür von *Schloss Reinach* gehören dazu.

Zur Opulenz der Essensfotos kommt die Echtheit in den Porträts jener Menschen, die Oliver und Anne dargestellt wissen wollten. Über die „Shootings" von Menschen in Metzgereien und Bauernhöfen, in Backstuben oder Brennereien, meist mitten im Alltag, unverkleidet und ungeschminkt, sagt Attila: „Wenn die Spuren der Arbeit an den Händen zu sehen sind, gehört das bei uns dazu."

Attila Jozsef: Familienvater, Ehemann und Fotograf

RAUSCH DER SOMMER

Kandierte Wassermelonenschale

1 kg Wassermelonenschale, ohne äußeres Grün,
    mit ca. 1 cm Fruchtfleisch an der weißen Schale
800 g Demerara-Zucker
1 l Wasser
2 Stk. Zitronengras
2 Stk. Zitronenschale

Die Melonenschale in dünne Streifen hobeln und die restlichen Zutaten erwärmen bis sich der Zucker auflöst. Danach die Schale mit dem Zuckersud vakuumieren und bei 85 °C im *Julabo-Wasserbad* ca. 100 Minuten garen. Diese anschließend im Zuckerfond glasig kochen und, mit dem Zuckerfond bedeckt, in Einmachgläsern in die Kühlung stellen.

Eingelegte Wassermelone

16 Wassermelonenwürfel (ca. 2 cm groß)
3 gemörserte Szechuan-Pfefferkörner
1 Prise Steinsalz
Olivenöl
Dillblüten

Die in Form geschnittenen Melonenstücke zusammen mit den restlichen Zutaten vakuumieren und zwei Stunden in die Kühlung geben. Zuletzt die Dillblüten anrichten.

SALATGURKE
Zitronencreme / Wassermelone / Kandierte Schale

Wassereis-Gurke

700 g geschälte Salatgurke
100 g Zuckersirup 2:1 (Wasser : Zucker)
10 g Sauerklee
20 g Ingwer
250 ml Tonic Water
80 g blanchierter Spinat
300 ml Cidre
3 g Xanthan
80 ml Gurkengeist

Alle Zutaten werden zu einem glatten und dünnflüssigen Püree gemixt. Dieses wird anschließend durch ein feines Sieb passiert und in Beuteln vakuumiert und eingefroren. Die Höhe der Flüssigkeit sollte im flachliegenden Beutel etwa 1,5 cm betragen. Sobald das Eis festgefroren ist, in die gewünschte Form schneiden.

Süße Gurken

20 Salatgurkenperlen (ca. 1 cm groß)
50 g Demerara-Zucker
70 ml Wasser
2 Szechuan-Pfefferkörner
1 Msp. Dillblüten

Die in Form geschnittenen Gurken zusammen mit den restlichen Zutaten vakuumieren und zwei Stunden in die Kühlung geben.

Weingut Julius Zotz
Gutedelsekt

Zitronencreme

550 ml Vorzugsmilch
50 g Haselnüsse, geröstet und geschält
6 Szechuan-Pfefferkörner
5 g Agar
Abrieb einer Zitrone

Die Milch mit den Nüssen und Pfeffer aufkochen und 20 Minuten ziehen lassen. Nun durch ein feines Sieb passieren und mit dem Agar nochmals aufkochen. Die Masse schließlich erkalten lassen und mit dem Zitronenabrieb zu einem glatten Püree mixen.

Wassermelonen-Wassereis

1 kg Wassermelonenfleisch
5 Szechuan-Pfefferkörner
3 Schalen-Streifen einer Zitrone
300 g kandierte Melonenschale
100 ml Kandier-Fond von der Melonenschale
300 ml Cidre
4 g Xanthan

Alle Zutaten werden zu einem glatten und dünnflüssigen Püree gemixt. Dieses wird anschließend durch ein feines Sieb passiert und in Beuteln vakuumiert und eingefroren. Die Höhe der Flüssigkeit sollte im flachliegenden Beutel etwa 1,5 cm betragen. Sobald die Flüssigkeit gefroren ist, das Eis in die gewünschte Form schneiden.

Salatgurke

Zitronencreme / Wassermelone / Kandierte Schale

RAUSCH DER SOMMER

Knoblauchstiel

60 g Knoblauchstiel
20 ml Zitronen-Olivenöl
Steinsalz

Der junge Stiel vom Knoblauch wird in sehr dünne Scheiben geschnitten. Dann mit dem Öl und etwas Salz marinieren und anrichten.

Ginger Beer

600 ml Ginger Beer
80 ml Fichtensprossengeist
Gurkenstreifen
fermentierte Fichtensprossen

Aus den Zutaten einen Longdrink herstellen und diesen zum Gericht reichen.

FÄRSENFLEISCH
Saure Gurke / Fichtensprossen / Ginger Beer

Färsenfleisch

400 g Färsen-Filetkopf
60 ml Fichtensprossengeist
Pfeffermischung (Grundrezept)

Das Färsenfleisch pfeffern und mit dem Fichtensprossengeist im Ganzen marinieren. Nach ca. 40 Minuten in Klarsichtfolie fest einrollen und anfrieren lassen. Nun mit dem Messer oder einer Aufschnittmaschine in dünne Scheiben schneiden und diese anrichten. Vor dem Servieren leicht salzen.

Saure Gurken

1 Salatgurke
1 Schalotte in Ringen
Pfeffermischung (Grundrezept)
Steinsalz
20 ml Wasser
60 ml weißer Balsamessig

Die in Form geschnittenen Gurken zusammen mit den restlichen Zutaten vakuumieren und 8 Stunden in die Kühlung geben. Nach der Marinierzeit auf dem Färsenfleisch anrichten.

Gebratene Fichtensprossen

Fichtensprossen
braune Butter
Steinsalz

Die Fichtensprossen werden anhand des Grundrezepts für Fermentationslake eingelegt. Nach ca. 3 Wochen können die Sprossen verwendet werden. Diese nun in etwas brauner Butter anbraten und salzen.

MEINE SCHNAPSEMPFEHLUNG

FAUDE feine BRÄNDE
Fichtensprossengeist

Sauerrahm

100 ml Vorzugsmilch
Steinsalz
Pfeffermischung (Grundrezept)
2 g Agar
100 g Sauerrahm

Die Milch würzen und mit dem Agar aufkochen. Erkalten lassen und mit dem Sauerrahm zu einem glatten Püree mixen, eventuell nochmals würzen.

Röstbrot und Zedernkerne

100 g altbackenes Brot in Scheiben
60 g Zedernkerne
50 g braune Butter
1 Knoblauchzehe
Steinsalz

Das Brot und die Kerne zusammen mit dem Knoblauch in der Butter goldbraun und knusprig braten. Dann auf einem Küchentuch gut entfetten und salzen.

Färsenfleisch

Saure Gurke / Fichtensprossen / Ginger Beer

RAUSCH DER SOMMER

Schokoladenbiskuit

- 200 g Marzipan
- 60 g Puderzucker
- 120 g Eigelb
- 1 Ei
- 50 g weiße Kuvertüre
- 50 g Butter
- 50 g Mehl Typ 550
- 25 g Kakaopulver
- 125 g Eiweiß
- 75 g Demerara-Zucker

Das Marzipan mit Puderzucker, Eigelb und dem Ei glattmixen. Anschließend die Kuvertüre mit der Butter schmelzen lassen und zur Marzipanmasse geben. Nun das Mehl und den Kakao unter die Masse ziehen. Abschließend das Eiweiß und den Zucker steif schlagen und unterheben. Den Biskuit bei 180 °C ca. 25 Minuten im Umluft Ofen backen.

Schokoladencreme

- 200 ml Vollmilch
- 10 g Glukose
- 9 g Gelatine
- 285 g Kuvertüre (70 %)
- 400 g kalte, flüssige Sahne

Die Milch mit der Glukose aufkochen und darin die eingeweichte Gelatine lösen. Nun die im Wasserbad geschmolzene Kuvertüre zugeben und die kalte Sahne einmixen. Die Creme schließlich mindestens zwei Stunden in die Kühlung stellen und vor dem Servieren gegebenenfalls glattmixen.

Kirschwasser und Schokolade

Den Biskuit in kleine Würfel schneiden und mit Kirschwasser tränken. Als Topping Schokoladenraspeln herstellen.

SCHWARZWÄLDER KIRSCH
Fichtensprossen / Schokolade / Kirschsorbet

Fichtensprossen-Granita

300 g Fichtensprossen
600 ml Wasser
150 g Demerara-Zucker
120 g blanchierter Spinat
1 g Xanthan
50 ml Fichtensprossengeist

Die Sprossen werden mit Wasser und Zucker aufgekocht, anschließend erkalten lassen. Diesen kalten Sud nun mixen und durch ein feines Sieb passieren. Danach den Fichtensprossensud mit Spinat, Xanthan und Fichtensprossengeist nochmals mixen und fein passieren. Die Granitamasse in ein flaches Gefäß geben, einfrieren und immer wieder die Eiskristalle verrühren.

Fichtensprosseneis

125 g Vorzugsmilch
100 g weiße Schokolade
1 Vanilleschote
80 g Demerara-Zucker
6 Eigelb
400 ml flüssige Sahne
80 ml Fichtensprossengeist
2 g Xanthan

Die Milch zusammen mit Schokolade und Vanille unter stetigem Rühren mit der Zucker-Ei-Mischung zur Rose abziehen. Die flüssige Sahne zugeben. Anschließend den Fichtensprossengeist und das Xanthan dazumixen. Die Masse in *Pacojet-Becher* füllen und 24 Stunden gefrieren.

MEINE WEINEMPFEHLUNG

Weingut Kalkbödele
Amonius № 3

Kirschkompott

200 g Herzkirschen
50 g getrocknete Sauerkirschen
200 ml Kirschsaft
50 ml Kirschsirup
50 ml Kirschlikör
Speisestärke

Die Herzkirschen entsteinen und vierteln. Den Kirschsaft gemeinsam mit dem Sirup auf ca. 100 ml reduzieren. Nun den Likör zugeben und mit Speisestärke binden. Den Fond erkalten lassen und damit die Herzkirschen und die Sauerkirschen marinieren.

Kirschsorbet

300 g Demerara-Zucker
60 g Glukose
600 ml Kirschsaft
200 g Sauerkirschen
3 g Iota

Die Zutaten werden gemeinsam auf mindestens 85 °C erhitzt, danach gemixt und fein passiert. Die Masse schließlich erkalten lassen, in kleine *Silpat-Formen* geben und einfrieren.

115

Schwarzwälder Kirsch

Fichtensprossen / Schokolade / Kirschsorbet

PORTRÄT FLORIAN FAUDE

ein, der Erinnerungen an die Küche der Großmutter weckt und beim ersten Eindruck gar nicht so sehr an Hochprozentiges denken lässt. Florian brennt langlebige, emotionale Trinkerlebnisse, die ihresgleichen suchen. Oliver Rausch hat Faude übrigens, wie seinen sizilianischen Zitrusfrüchte-Bauern, auf einer regionalen Genussmesse kennengelernt. Als Oliver zum ersten Mal auf dem Hof in Bötzingen war, kam ihm spontan der Gedanke an ein Schwarzwalddessert, als er vom Fichtensprossengeist erfuhr. Daraus hat er dann eine Granita, ein sehr körniges Sorbet, gefroren. Beim *Schwarzwald-Balsamico* haben sie dann gemeinsam mit Theo Berl zusammengearbeitet. Natürlich findet sich auch in der Schwarzwald-Salami ein großer Schluck Faude wieder. Auch Boris Gröner, seines Zeichens renommierter Barkeeper des aufstrebenden Freiburger „One Trick Pony", kommt manchmal am Brennkessel vorbei. Er wird dieses Mal die geschälten Bergamotten für Essenzen und Säfte verwenden. Florian Faude liefert neben Ideen für Desserts und sogar Essige auch die Ideen für neue Drinks. Dass in deutschen Premium-Bars neben den Standard-Spirituosen Gin, Wodka und Whisky jetzt auch Obstbrände ihre Mix-Erweckung erleben, mit regionalen Zutaten und alten Methoden, ist auch ein wenig das Verdienst dieses jungen Mannes, der weit über den Maischebottich hinausblickt.

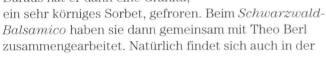

Sorgten für die Rückkehr des Obstbrands in gute Cocktailbars: Florian Faudes feine Brände

Kostbares Gut: Bio-Bergamotten aus Kalabrien

stellen regelmäßig die Zutaten bei zeitgemäßen Bartender-Wettbewerben des bestens vernetzten *Mixology*-Magazins. Ein wenig hat er schon jetzt die Trink- und Drink-Gewohnheiten im gehobenen Nachtleben verändert. Wie kam es ausgerechnet in Bötzingen am Kaiserstuhl dazu? Es ist wohl weniger die Verpackung, sondern vielmehr der kompromisslos gute Inhalt und die Qualität, bei den Produkten wie auch beim Brennvorgang. Seine Produzenten findet er nach langer Suche in der Region, wie beispielsweise bei der Roten Beete, oder eben in Südeuropa. Billigware kommt ihm nicht ins Schnapsglas, über die drei Paletten Bergamotten-Kistchen sagt er, dass sie „den Preis eines Urlaubs" wert seien.

Den Produzenten des Zwischenwesens aus Limette und Bitterorange hat er persönlich kennengelernt. Er war auch bei der Mandarinen- und Blutorangen-Ernte der von ihm verwendeten Früchte aus Sizilien dabei. Er will originalen Geschmack in den Brennkessel schaufeln, wo andere vermutlich nicht einmal darauf achten würden, ob die Zitrusfrüchte nun gewachst sind oder nicht.

Vor allem aber hat er inzwischen ein Sortiment aufgebaut, in dem neben den nicht ganz einfachen Klassikern (Zwetschge, Kirsche, Mirabelle, Williams-Christ) eben auch besondere Früchte einen Liebhaberplatz gefunden haben: die alte Haferpflaume zum Beispiel, aber auch Gurke und Fichtensprosse. Inzwischen versucht er sich ganz norddeutsch auch einmal an einem Doppelkümmel in limitierter Edition.

Oberste Priorität für ihn haben gute Ausgangsprodukte bei der Maische, aber auch die Lagerung in besonderen Gefäßen aus Holz, Edelstahl oder Glas im Weinkeller der Familie aus dem Jahr 1836. Damit erreicht Florian mit viel Aufwand das, was er in einem Interview einmal als seine Philosophie ausgab: „Es soll in der Flasche so sein, wie wenn man sich eine Frucht vom Baum schnappt und reinbeißt."

Das ist der Anspruch bei fast allen Obstbränden und -geistern. Selbst bei der Roten Beete stellt sich ein feldfrischer, mineralisch-erdiger Geschmack mit etwas Süße

PORTRÄT FLORIAN FAUDE

Der gute Geist

Der Brenner Florian Faude arbeitet mit edlen Zutaten vom Kaiserstuhl,
aber auch aus Süditalien – seine Erzeugnisse sind europaweit nachgefragt

Es ist einer dieser kleinen Höfe, wie man sie in der Winzergemeinde Bötzingen am Kaiserstuhl häufig antrifft: eine enge Hofeinfahrt, eine kleine Freifläche mit altem Steinboden, dahinter der Aufgang zum Wohnbereich, der von einem hölzernen Balkon umrundet wird. Florian Faude hat gerade eine Fuhre Obstreste vom Brand davor weggekippt. Jetzt ist etwas Rote Beete dran, im Lauf des Gesprächs wird er drei Kisten Bergamotten schälen. Bio, aus Kalabrien.

Neben der größeren Brennlocation im Ort schlägt hier das Herz eines der aufregendsten Spirituosenmacher in Deutschland. Faude ist gerade mal 33 Jahre alt und hat sich schon vor mehr als elf Jahren daran gemacht, den elterlichen Betrieb in *Faude feine Brände* umzuwidmen und neue Brennkessel anzuschaffen. Dazwischen hat er noch die Lehre als Winzer absolviert, seit 2013 steht sein Betrieb hier auf eigenen Füßen. Mit großem Erfolg.

Seine Brände, Geister und Liköre mischen das althergebrachte Schnapsbrenner-Wesen auf. Die Abfüllungen in den schicken, bauchigen Flaschen mit dem weißen, kitschfreien Etikett ohne Obstmalereien begeistern Restaurant- und Barbetriebe. Sie stehen bei großen Sterneköchen auf dem Digestif-Tisch und in renommierten Bars im Flaschenregal.

Florians Rote-Beete-Geist wird mittlerweile in die Cocktail-Metropole London exportiert. Seine Kreationen

Die Qualität im Auge behalten: Florian Faude beim Brennen

RAUSCH DER SOMMER

Grüner Pfeffer

Die Pfefferkörner grob hacken und auf die Milch streuen.

Erdbeersoße und Erdbeeren

Für die Erdbeersoße etwas von der Sorbetmasse zurückbehalten und mit ein wenig Xanthan binden. Für das Sorbet Erdbeeren in Scheiben schneiden und als Sockel vorbereiten.

ERDBEEREN
Bauernmilch / Grüner Pfeffer / Waldmeister

Erdbeeren (geliert)

2 Blatt Gelatine
100 ml Waldmeisterfond
250 g Erdbeeren in Würfeln

Die eingeweichte Gelatine im Waldmeisterfond auflösen und abkühlen lassen. Nun die Erdbeerwürfel zugeben und in eine mit Folie ausgelegte Form geben. Kaltstellen und gelieren lassen.

Waldmeisterfond

200 ml Cidre
50 g Demerara-Zucker
100 g Erdbeeren
20 g Waldmeisterblätter

Den Cidre mit dem Zucker aufkochen. Danach die Erdbeeren und Waldmeisterblätter zugeben. Den Fond 20 Minuten ziehen lassen und anschließend durch ein feines Sieb passieren.

Bauernmilch

250 ml Ziegensahne
150 ml Sahne
100 ml Vorzugsmilch
40 g Demerara-Zucker
1,5 g Iota
1 Vanillemark

Die Zutaten zusammen auf mindestens 85 °C erhitzen. Anschließend in die Kühlung geben und gelieren lassen. Vor dem Servieren mit dem Stabmixer zu einer viskosen Creme mixen.

MEINE WEINEMPFEHLUNG

Weingut Julius Zotz
Gutedel Trockenbeerenauslese

Erdbeersorbet

40 g Glukose
60 g Demerara-Zucker
150 ml Passionsfruchtmark
500 g sehr reife Erdbeeren
2 g Xanthan

Die Glukose zusammen mit dem Zucker und der Passionsfrucht aufkochen. Nun mit den Erdbeeren und dem Xanthan glatt mixen. Anschließend durch ein feines Sieb passieren und im *Pacojet-Becher* frieren. Nach 24 Stunden kann das Sorbet pacossiert werden und in die gewünschte Form gefüllt werden.

Vanille-Crumble

140 g Mehl Typ 550
50 g Demerara-Zucker
1 Vanillemark
50 g Mandeln
100 g Butter
1 Eigelb

Aus den Zutaten einen glatten Teig kneten. Diesen auf ein Backblech bröseln und bei 180 °C goldbraun backen.

105

Erdbeeren

Bauernmilch / Grüner Pfeffer / Waldmeister

RAUSCH DER SOMMER

BURRATA DI BUFALA
Focaccia / Tomate / Vinaigrette

Burrata di bufala

2 Stk. Burrata di bufala à 250 g
Steinsalz
Pfeffermischung (Grundrezept)

Die Burrata di bufala in der Salzlake auf Körpertemperatur erwärmen. Vor dem Servieren in vier Hälften teilen und mit Steinsalz und Pfeffer würzen.

MEINE WEINEMPFEHLUNG

Weingut C. Lang
Grauer Burgunder Kabinett

Focaccia

Die Focaccia kaufe ich bei meinem Bäcker des Vertrauens in Freiburg. Wer das ist, das pfeifelt ein jeder Vogel von den Dächern.

Tomaten

Etwa 600 g bunt gemischte Tomaten, z. B. Berner Rose, Ochsenherzen, Roma Gold, Sundrop, Black Krim, Green Tiger, Raf und Azoychka. Ich beziehe meine Tomaten von Martina und Markus Wurth, die Spaß daran finden mit mir gemeinsam alte Sorten neu zu kultivieren.

Vinaigrette

50 ml Olivenöl
20 ml Maccadamiaöl
50 ml Apfel-Balsamessig
50 ml Tomatenbrühe (Grundrezept)
Steinsalz
Pfeffermischung (Grundrezept)

bunte Kräuter, z. B. Kapuzinerkresse, Gänsefußkraut, Pimpernelle, Wicke, Sauerklee und Malabarspinat

Aus den Zutaten eine leichte, mit guter Säure abgeschmeckte Vinaigrette herstellen. Diese vor dem Servieren auf die arrangierten Tomaten träufeln. Nun die vorbereiteten Kräuter marinieren und ebenfalls anrichten.

Tipp
Tomaten sollten nie einen Kühlschrank oder ein Kühlhaus von innen sehen. Die Kälte zerstört das wunderbare Aroma dieser herrlichen Frucht. Deshalb immer zimmerwarm oder noch besser sonnenwarm genießen.

Burrata di bufala
Focaccia / Tomate / Vinaigrette

PORTRÄT WURTH

gegen ihr Architekturstudium zugunsten einer „besseren Erdung", wie sie sagt. Trotz der immer größeren Konkurrenz in Form von Bio-Supermärkten sehen sie keinen Nachfragerückgang an ihrem Marktstand, den sie zweimal die Woche in Waldkirch aufbauen.

Das kann vielleicht auch daran liegen, dass sie nicht einfach nur „Bio" machen und das gut. Sondern dass Markus sich zeitig darüber Gedanken machte, wie man das Gemüse schön präsentieren kann. Dass es nicht nur gut schmeckt, sondern auch toll ausschaut. Angeregt dazu hat ihn der Besuch eines Bioladens in Paris. Danach wollte er weg von der „grünen Plastikkiste". Genauso viele Gedanken macht er sich darüber, dass auch Biobetriebe nicht mehr frisch ernten, sondern mit großen Kühlhäusern arbeiten. Bei ihm kommen Bioland und Frische zusammen, er besitzt keinen Kühlraum – die Ware, die am Nachmittag verkauft wird, wurde mit wenigen Ausnahmen am Morgen vom Feld geholt.

Auf diese Weise arbeiten Martina und Markus ständig an neuen Ideen, was sie anpflanzen können, vor allem aber auch wie. Oliver kann sich auf dem Hof regelmäßig über die Methodik in den Gewächshäusern und das natürliche Düngen und über Schädlingsbekämpfung informieren, aber eben auch seinen Rezeptideen buchstäblich beim Wachsen zuschauen. Damit die spannenden Sachen auf dem Acker nicht ausgehen …

Gemeinsame Ernte: Arbeit mit den Händen und im Dialog statt mit stupidem Maschineneinsatz

Bessere Erdung: Die Wurths sind seit über 20 Jahren „Bioländer"

Markus und Martina Wurth sind spezialisiert auf viele Arten hiesiger Gemüse: Neben Karotten gehören Rote Beete und Sellerie dazu, Chicorée, „rattenscharfe Radieschen", Schlangenbohnen und eine stattliche Auswahl an Kohlsorten: Weißer und Roter Kohl, Rosenkohl, Spitz-, Grün- und Palmkohl, Sprossen-Brokkoli, dazu Kräuter von A bis Z. Schon allein das wäre inspirierend genug.

Aber es kommt eben ein etwas experimenteller Touch dazu: das japanische Gewürzkraut Shiso zum Beispiel oder thailändischer Wasserspinat. Und auch die Verarbeitung kann spannend sein, nicht nur, weil Oliver einen Teil der Erzeugnisse fermentiert. Auch was er von den Erzeugnissen nutzt, ist anregend, die Blüte des Rosenkohls zum Beispiel.

> „Manche Produkte, die Oliver für seine Küche bezieht, nennt Markus Wurth *Bonbons*"

Manche Produkte, die Oliver für seine Küche bezieht, nennt Markus Wurth „Bonbons": Für einen, der seinen Umsatz in der Direktvermarktung und auf Wochenmärkten erzielt, sind das jene Gemüse, die die Menschen am Stand neugierig machen. Sie kaufen sie zusätzlich zum „gewöhnlichen" Gemüse, um sich mal einen anderen Salat zuzubereiten. Dieses Empfehlungsprinzip setzt eine stabile Stammkundschaft und deren Wertschätzung voraus. Markus ist seit über 20 Jahren „Bioländer", wie er selbst es nennt. Als Junge hat er viel auf dem elterlichen Hof mitgeschafft, ehe er sich für ein Sozialpädagogikstudium entschloss. Das Diplom hat er dann „in die Tonne getreten", um sich ganz der Ernte von Lebensmitteln zu widmen, die so naturnah wie möglich entstehen sollten. Seine Frau Martina hat er als Jobberin auf dem Markt kennengelernt, sie entschied sich

PORTRÄT WURTH

So naturnah wie möglich

Der Gemüse- und Kräuteranbau von Martina und Markus Wurth inspiriert mit Qualität – und regt zum Umdenken an

„Habt ihr was Spannendes auf dem Acker?", lautet eine der üblichen Nachfragen am Hof von Markus und Martina Wurth in Mengen, wenn ihr Nachbar Oliver Rausch am Telefon ist. Angefangen hat das Ganze vor einigen Jahren mit einem Zufall, weil sie unweit voneinander wohnen. Olivers Neugier beim ständigen Vorbeifahren wurde bei einer Spaziergangs-Visite größer, als er vor dem Bioland-Schild an der roten Halle stand. „Irgendwann stand ein Mann vor mir", sagt Markus über die Begegnung, „und fragte, ob er diese Kiste mit Gemüse haben kann." Was als Probiererle begann, um den Lehrlingen im *Schloss Reinach* den Unterschied zwischen Bio- und konventioneller Paprika geschmacklich nahe zu bringen, führte zu großer Begeisterung. Und zu einer Umstellung der Bestellgewohnheiten in Olivers Küche. Schluss mit Großmarkt, her mit Bioland. Kein Ganzjahres-Gemüse, zu dem die Gerichte schon vorab feststehen, sondern regionale Inspiration und Kochen mit den Ernteverläufen. Jeden Sonntag geht die Bestellung samt der Acker-Frage raus, damit am Dienstag die Ware verarbeitet und zu neuen Ideen werden kann. Auch wenn es hin und wieder ein bisschen länger dauert, die schmackhaften, aber nicht genormten Karotten der Wurths zu schälen.

Kräuter von A bis Z: Martina Wurth pflückt Basilikum

RAUSCH DER SOMMER

BLAUE GARNELE
Wassermelone / Tomate / Salatgurke

Blaue Garnele

12 große blaue Garnelen
Salzsteinplatten
Piment d'espelette
Olivenöl

Die Garnelen küchenfertig vorbereiten und mit einem Küchenkrepp trocken tupfen. Die Salzsteinplatten im Ofen bei ca. 250 °C aufheizen. Vor dem Servieren die Garnelen in Olivenöl wenden und auf dem Salz braten. Zuletzt mit Piment d'espelette würzen und anrichten.

Weingut Arndt Köbelin
Spätburgunder Rosé

Eingelegte Gurken

1 Salatgurke in Würfeln und Kugeln
20 g Rohrohrzucker
50 ml Wasser
20 ml weißer Balsamico mit Pfeffer
2 Szechuan-Pfefferkörner

Die in Form geschnittenen Gurken zusammen mit den restlichen Zutaten vakuumieren und zwei Stunden in die Kühlung geben.

Eingelegte Wassermelone

16 Wassermelonenwürfel (ca. 2 cm groß)
3 gemörserte Szechuan-Pfefferkörner
1 Prise Steinsalz
Basilikum-Olivenöl

Die in Form geschnittenen Melonen zusammen mit den restlichen Zutaten vakuumieren und zwei Stunden in die Kühlung geben. Vor dem Servieren auf den Steinsalzplatten anbraten.

Gelierter Tomatenfond

20 g Schalotten
10 g Rohrohrzucker
10 ml Basilikum-Olivenöl
20 ml weißer Balsamico mit Pfeffer
10 g Ingwer
1 Knoblauchzehe
Basilikumstängel
1 l Tomatenbrühe (Grundrezept)
1,8 g Iota

Die Schalotten mit dem Rohrzucker in Öl farblos anschwitzen und mit dem Essig ablöschen. Ingwer, Knoblauch, Basilikumstängel und die Tomatenbrühe zugeben und auf 200 ml reduzieren. Den Fond passieren und etwas erkalten lassen. Nun das Iota einmixen und auf 85 °C erhitzen. Den Fond gelieren lassen und zimmerwarm servieren.

Kräutersalat

Verschiedene saisonale Kräuter, wie zum Beispiel Basilikum, Majoran oder Schnittlauchblüten mit Basilikum-Olivenöl und Steinsalz marinieren.

Lauchwurzel

Die Wurzel vom Gemüselauch abschneiden und gut waschen. In kochendem Wasser ca. zwei Minuten kochen. Danach auf Küchenkrepp trockentupfen und in Erdnussöl frittieren. Mit Steinsalz würzen und auf der Melone anrichten.

Blaue Garnele

Wassermelone / Tomate / Salatgurke

RAUSCH DER SOMMER

Striebele

20 g frische Hefe
125 ml lauwarmes Wasser
250 g Mehl
1–2 EL Rapsöl
Erdnussöl zum Frittieren
½ TL Steinsalz

Die Hefe im lauwarmen Wasser auflösen und mit Mehl und Rapsöl zu einem glatten Teig kneten. Diesen in Folie einschlagen und 30 Minuten im Kühlschrank ruhen lassen. Nach der Ruhezeit den Teig ca. 1–2 mm dick ausrollen und mithilfe eines Wellrades in feine Streifen schneiden. Diese im heißen Erdnussöl ausbacken und mit Steinsalz würzen.

Ingwergelee

200 ml Pflaumenwein
100 ml Apfelsaft
30 ml Ingwer-Ferment-Sud
2 g Agar
40 g Ingwer-Ferment (Grundrezept)
10 g gehackte Shisoblätter

Die Flüssigkeiten auf 200 ml einkochen. Danach das Agar und den gehackten, fermentierten Ingwer hinzugeben. Das Gelee auf einer planen Platte ca. 1–2 mm dick ausgießen und vor dem Gelieren die gehackten Shisoblätter aufstreuen. Nun zum völligen Gelieren kaltstellen. Vor dem Servieren in Form schneiden.

LACHSFORELLE
Wilde Gemüse / Hefeschaum / Ingwergelee

Weingut Heinemann
Chardonnay „Alte Reben"

Lachsforelle

1 kg Lachsforellenfilet, küchenfertig
50 g braune Butter
60 g blanchierte Malabar-Spinatblätter
Steinsalz

Von den Forellenfilets aus dem He-Loin vier schöne Stücke mit etwa 140 g schneiden. Diese werden in brauner Butter vorsichtig auf der Haut gegart. Vor dem Anrichten wird die Haut entfernt und der Fisch gewürzt. Den Rest des Filets so dünn wie möglich auf eine Klarsichtfolie in Form eines DIN-A4-Blattes schneiden. Dieses mit den Spinatblättern belegen, würzen und fest einrollen. Schließlich in ca. 1 cm dicke Röllchen schneiden und anrichten.

Wilde Gemüse

Wilde Karotten, Zucchini, Zucchiniblüten,
Malabar-Knospen, junger Lauch,
kleine, wilde Gurken, Shisoblätter
60 ml Olivenöl
Steinsalz

Die Gemüse vorbereiten und kurz vor dem Servieren in reichlich Olivenöl sautieren. Mit Steinsalz würzen und auf der Forelle arrangieren.

Hefeschaum

80 g Zwiebeln
40 g Staudensellerie
100 g Karotten
40 g Butter
1 TL Tomatenmark
40 ml Hopfen-Balsamessig
800 ml Tomatenbrühe (Grundrezept)
Steinsalz
wenig Bohnenkraut und Salbei
50 g kalte Butter
30 g frische Hefe

Das Gemüse farblos in Butter anschwitzen, das Tomatenmark zugeben und mit dem Essig ablöschen. Die Tomatenbrühe hinzugeben und mit wenig Steinsalz und den Kräutern würzen. Die Gemüse köcheln lassen und sobald alles weich ist, mixen und fein passieren. Die Soße auf ca. 240 ml einkochen und mit der kalten Butter und der Hefe montieren. Gegebenenfalls noch etwas mit Steinsalz und Apfelessig nachwürzen.

Lachsforelle

Wilde Gemüse / Hefeschaum / Ingwergelee

PORTRÄT THEO F. BERL

lassen. Und zugleich eine starke Fährte gelegt. Theos Essige hielten nicht nur in Olivers *s Herrehus*-Küche Einzug, sondern im gesamten Betrieb von *Schloss Reinach*. In der Gourmet-Küche werden mit den Essigen aus dem Haus *Balema*, so der Firmenname, Vignaigrettes verfeinert und fermentiert. „Theos Essige sind heute bei sehr vielen Gerichten im Spiel", sagt Oliver.

Doch dabei bleibt es nicht: Wie in der Zusammenarbeit mit der Metzgerei Kaltenbach entstanden mit viel Aufwand auch gemeinsame Produkte. Und was für welche: Zwei alte Weinfässer karrte Oliver nach Kehl. Theo, der Essige mit Pfeffer, Birne, Granatapfel und Him-

beeren seine Spezialiäten nennt, spricht von neuen Zutaten wie Fichtensprossen als weiterem „Erfahrungsgewinn". Heraus kamen der „Schwarzwald-Balsamico mit Fichtensprossen" aus dem Barrique-Fass und der „Hopfen-Balsamessig" (mit Hopfen der Brauerei Waldhaus). Wie immer ausgebaut in Handarbeit und ohne Zusatzstoffe – nach dem alten „Codex 1868", den sich Theo, der Essigbrauer, für alle seine Produkte auferlegt.

Der heute große Theo begeistert mit seinem Enthusiasmus – und kämpft unermüdlich für eine bessere Essigwelt.

Vierte Generation: Theo F. Berls Familie produziert seit 1868 Essig

Vom Tabakspeicher zum Essiglager: Theo Berls Fässer

sie liefern, nachhaltig einzubinden. Für einen Essig ohne Zuckerzusätze und ohne Haltbarmachung durch Schwefel. Für die zwei Gärungsschritte – Fruchtzucker wird zu Alkohol, Alkohol wird zu Essig – nimmt er sich bei seinen Top-Qualitäten (er nennt sie „top-top") bis zu 1000 Tage Zeit und nutzt bis zu 100 Jahre alte Holzfässer. Er hält viertägige Einkoch-Sessions mit Most ab und arbeitet mit jahrhundertealten Essig-Müttern. So bezeichnet man die von ihm gehegten und gepflegten Bakterien-Kulturen, die den Ursprung des Produkts bildet. Bis zu 16 eigene Essigbakterien hat er, der sich als „Züchter" bezeichnet, kultiviert.

Der Schauplatz ist ein alter Hof mit stillgelegter Gaststätte, wir befinden uns im Tabak- und Sauerkrautland unweit der französischen Grenze und des Rheins. Die Fässer lagern in hölzernen Freiluftspeichern, wie man sie vom Tabak in dieser Landschaft kennt.

Der kleine Theo lernte hier bereits im Alter von 12 Jahren, „wie Essig geht". Voraussetzung war eine Nachkriegsgastronomie, in der abends nicht Bier ausgeschenkt wurde, sondern Apfelmost. Die Mostreste wanderten ins Essigfass und von dort ins Sauerkraut. Für große Feste wurde der Essig auch beim Erdäpfelsalat zum Würzen genutzt. In den Jahren seither hat er sich im Betrieb seines Urgroßvaters einen unverzichtbaren Erfahrungsschatz angeeignet, der ihm heute in einem Mix aus Intuition und ständigen Messungen fortwährend hilft. „Wenn du es nicht verstehst, schläfst du nicht ruhig", sagt er.

> „Wenn Du es nicht verstehst, schläfst du nicht ruhig"

Ruhig schlafen kann er deshalb, weil er es sich auch zur Aufgabe gemacht hat, selbst die einfachen Qualitäten mit denselben 13 Verfahrensschritten zu erzeugen, die seine Top-Marken durchlaufen. Damit hat er gegenüber den mit einem „regionalen" Schleifchen hübsch verpackten Hofladen-Essigen die Nase vorn. Mit den wohlschmeckenden, bekömmlichen und nicht übersäuerten Essigen überzeugt er deshalb nicht nur die Einkäufer von Edeka, sondern findet auch bei Kantinen-Chefs Anklang, weil er seine Erzeugnisse auch im Sinne betrieblicher Gesundheit für sinnvoll erachtet. Oliver Rausch nennt das die „Theo-Passion", wenn er sich an die ersten Begegnungen mit dem Essig-Pionier erinnert: Der Kontakt kam über den Küchenchef des Schauinsländer Hotels *Zur Halde* zustande. Theo saß im Garten vorm *s Herrehus* zum Essen und hat einige Kostproben dage-

PORTRÄT THEO F. BERL

Ein Mann, eine Passion

Der Ortenauer Theo F. Berl besinnt sich auf eine jahrhundertealte Tradition und kämpft für Ehrlichkeit in der Essigproduktion

Theo gegen den Rest der (Essig-)Welt: So kann man sich die Mission des Essigmachers Theo F. Berl aus Kehl in der Ortenau vorstellen. Er scheut die Auseinandersetzung mit den großen Produzenten nicht. Er ist einer der letzten zwei deutschen Essigbrauer, die alte Holzfässer und viel Reifezeit in der Produktion einsetzen – mit einem reinen Naturprodukt und viel handwerklicher Qualität.

In Zeiten, in denen selbst der Jahrgang eines Essigs auf manchem Produktlabel steht und der Aceto-Balsamico-Kult abgehoben erscheint, setzt Berl auf Kompromisslosigkeit bei der Herstellung, auf Tradition und pure Natur. Auf dem Hof der Familie entsteht seit 1868 in nunmehr vierter Generation die säuerliche Kostbarkeit. Theo kann sich zugutehalten, dass er weder Industriealkohol noch künstlichen Geschmack für seine Essige verwendet. Und er wird nicht müde, den deutschen Branntweinessig oder den italienischen Aceto Balsamico als das zu bezeichnen, was sie durch mangelnde Kontrolle und Schutz geworden sind: bisweilen ungesunde Chemieprodukte.

Ihm gehe es darum, Früchte aus den Vorhügeln des Schwarzwalds sorgfältig, authentisch und in Handarbeit zu verarbeiten, sagt er. Und dabei auch die Bauern, die

Kellermeister: Tomasz Pytka kontrolliert die Qualität

RAUSCH DER SOMMER

Brombeeren und Honig

20 ml Brombeersaft
2 Tropfen Propolis
1 TL Honig
20 Brombeeren
1 Msp. Blütenpollen

Aus Brombeersaft, Propolis und Honig eine Marinade herstellen. Die halbierten Brombeeren zugeben und beim Anrichten mit Blütenpollen bestäuben.

BIENENSTICH
Hefeeis / Brombeeren / Honig

Bienenstich-Gebäck

Teig
160 g Eigelb
300 g Demerara-Zucker
400 g Mehl Typ 550
15 g Backpulver
3 g Steinsalz
320 g Butter

Belag
125 g Butter
125 g Demerara-Zucker
40 g Honig
75 g Glukose
250 g Mandelblättchen
75 g flüssige Sahne

Teig: Eigelb und Zucker cremig aufschlagen und mit den anderen Zutaten einen Mürbeteig zubereiten. Diesen etwa drei Stunden in die Kühlung geben. Den Teig nach der Kühlzeit 0,5 cm dick ausrollen und bei 180 °C sehr hell backen.

Belag: Die Zutaten in einem geeigneten Topf aufkochen und anschließend erkalten lassen. Die Mandelmasse dünn auf den vorgebackenen Boden geben und im Ofen bei 190 °C goldbraun karamellisieren. Das Gebäck auskühlen lassen und in die gewünschte Form schneiden.

Hefeeis

400 ml Sahne
3 Eigelb
30 g Stärkepulver
60 g Demerara-Zucker
260 ml flüssige Sahne
20 g Hefe
Steinsalz

50 ml der Sahne mit den Eigelben, dem Stärkepulver und dem Zucker glattrühren. Die restlichen 350 ml Sahne aufkochen, die Eigelbmischung zugeben und erneut alles aufkochen. Nun die 260 ml Sahne, die Hefe und das Steinsalz dazumixen und im *Pacojet-Becher* 24 Stunden gefrieren. Dann das Eis pacossieren und verwenden.

MEINE WEINEMPFEHLUNG

Weingut Klaus Vorgrimmler
Chardonnay

Hefecreme

250 ml Vorzugsmilch
250 ml Sahne
7 g Agar
50 g Demerara-Zucker
20 g Hefe
Steinsalz

Die Zutaten gemeinsam aufkochen und anschließend gelieren lassen. Wenn die Masse fest ist, mit dem Mixer ein glattes Püree herstellen.

Brombeeren-Meringe

125 g Brombeersaft
40 g Puderzucker
8 g Eiweißpulver (Ovoneve)
1 g Xanthan

Den Saft mit Puderzucker und Eiweißpulver mixen und 20 Minuten quellen lassen. Nun in der Rührmaschine mit dem Xanthan zu einer festen Baisermasse aufschlagen. Diese auf *Silpat-Matten* spritzen und bei 60 °C etwa sechs Stunden trocknen.

Bienenstich

Hefeeis / Brombeeren / Honig

RAUSCH DER SOMMER

Kokosnuss-Soße

120 g Zwiebeln
40 g Knollensellerie
2 Stangen Zitronengras
2 Knoblauchzehen
80 g Ingwer
30 g Kokosnussbutter
1 EL Tomatenmark
200 ml Sake
100 ml Choya Plum
300 ml Fischfond
40 g Kokosnussflocken, geröstet
300 ml Kokosnussmilch
Steinsalz
Chili

Die Zwiebeln zusammen mit Sellerie, Zitronengras, Knoblauch und Ingwer in der Kokosnussbutter farblos anschwitzen. Das Tomatenmark zugeben und mit Sake sowie Choya Plum ablöschen. Nun den Alkohol um die Hälfte einkochen lassen, danach den Fischfond zugeben. Zuletzt werden noch die Kokosnussflocken und die Kokosnussmilch mitgekocht. Die Soße schließlich bei niedriger Hitze 30 Minuten simmern lassen, danach mixen und fein passieren. Der Geschmack kann durch Einkochen gegebenenfalls nochmals intensiviert werden. Am Ende die Soße mit Steinsalz und Chili würzen.

STÖR

Bambustriebe / Kokosnuss / Knoblauchpüree

Stör

4 Stk. Störfilet à 160g
Kokosnussbutter
Steinsalz
Chili

Den Stör in wenig Kokosnussbutter bei mäßiger Hitze anbraten, würzen und in der Pfanne garziehen lassen. Das Störfilet sollte im Kern noch glasig sein.

Bambusgemüse

120 g junge, frische Bambustriebe
80 g Rattenschwanz-Radieschen
2 rote Mini-Paprika
30 g Kokosnussbutter
1 Knoblauchzehe, in Scheibchen
Steinsalz
Zitronenpfeffer

Die in Form geschnittenen Gemüse in der Kokosnussbutter anbraten und mit Steinsalz und Zitronenpfeffer würzen. Nicht jeder hat das Glück einen riesigen Bambuswald vor der Haustüre zu haben. In diesem Falle kann auch auf gefrorenen Bambus zurückgegriffen werden. Jedoch ist das Aroma des frischen Bambustriebes etwas ganz Besonderes.

Weingut Zähringer
Viognier SZ

Kokosnusschips

60 g große Kokosnusschips
Erdnussöl zum Frittieren
Steinsalz
Zitronenpfeffer

Die Kokosnusschips in Erdnussöl frittieren. Diese schließlich auf Küchenkrepp abtropfen lassen und würzen.

Knoblauchpüree

50 g Zwiebeln
100 g Knollensellerie
50 g Weißes vom Lauch
150 g schwarzer, fermentierter Knoblauch
400 ml Gemüsebrühe
ca. 2 g Xanthan
Steinsalz

Die Zutaten in der Gemüsebrühe weichkochen, sodass am Ende fast keine Brühe mehr übrig bleibt. Nun wird alles mithilfe des Xanthanpulvers im Mixer fein püriert. Gegebenenfalls am Ende noch mit Steinsalz würzen.

Stör

Bambustriebe / Kokosnuss / Knoblauchpüree

Der Sommer

RAUSCH DER FRÜHLING

FINGER RIBS
Frittierte Kartoffeln / Ananas / Bratpaprika

Finger Ribs von der Färse

800 g Finger Ribs, küchenfertig
Pfeffermischung (Grundrezept)
braune Butter
Steinsalz
Heuasche

Die Finger Ribs leicht pfeffern, in einen Vakuumbeutel geben und 48 Stunden bei konstant 65 °C im *Julabo-Wasserbad* garen. Dann in wenig brauner Butter anbraten, salzen und mit etwas Heuasche bestreuen.

Frittierte Kartoffeln

600 g Kartoffel, mehlig (z. B. Agria)
200 ml Hühnerfond (Grundrezept)
4 Rosmarinzweige
Steinsalz
Chilipulver
Erdnussöl zum Frittieren

Die Kartoffeln gut bürsten und waschen. Danach werden sie in Spalten geschnitten und bis zur Schale eingeschnitten. Nun werden sie mit der Brühe und dem Rosmarin vakuumiert, bei 95 °C ca. 20 Minuten im *Julabo-Wasserbad* gegart und in Eiswasser abgekühlt. Vor dem Servieren die Kartoffeln abtropfen, frittieren und würzen.

Ananas

Die Herstellung basiert auf dem Grundrezept „Fermentiertes Obst und Gemüse". Der Ananas beim Fermentieren noch etwas Chili beigeben, da dieser einen schönen Kontrast zur Süße erzeugt.

Weingut Arndt Köbelin
Grauer Burgunder Lösswand 3 Sterne

Bratpaprika

16 grüne Bratpaprika
16 violette Chili, mini
Olivenöl
grobes Meersalz

Die Paprika und die sehr milden Chilis werden in Olivenöl scharf angebraten und mit grobem Meersalz gewürzt. Schließlich in der Pfanne garziehen lassen und nicht zu heiß servieren.

Tomatenjus

60 g Zwiebeln
1 Knoblauchzehe
2 Tymianzweige
600 ml Tomatenbrühe (Grundrezept)
0,8 g Iota
80 g fermentierte Tomaten (Grundrezept)
40 g getrocknete Tomaten
Steinsalz
Pfeffermischung (Grundrezept)

Zwiebeln, Knoblauch und Thymian mit der Tomatenbrühe auf 240 ml einkochen und passieren. Die entstandene Jus mit dem Iota auf mindestens 85 °C erhitzen und die fermentierten sowie die getrockneten Tomaten in Würfeln dazugeben. Die Tomatenjus lauwarm auf das Gericht geben, damit sie leicht gelieren kann.

Finger Ribs
Frittierte Kartoffeln / Ananas / Bratpaprika

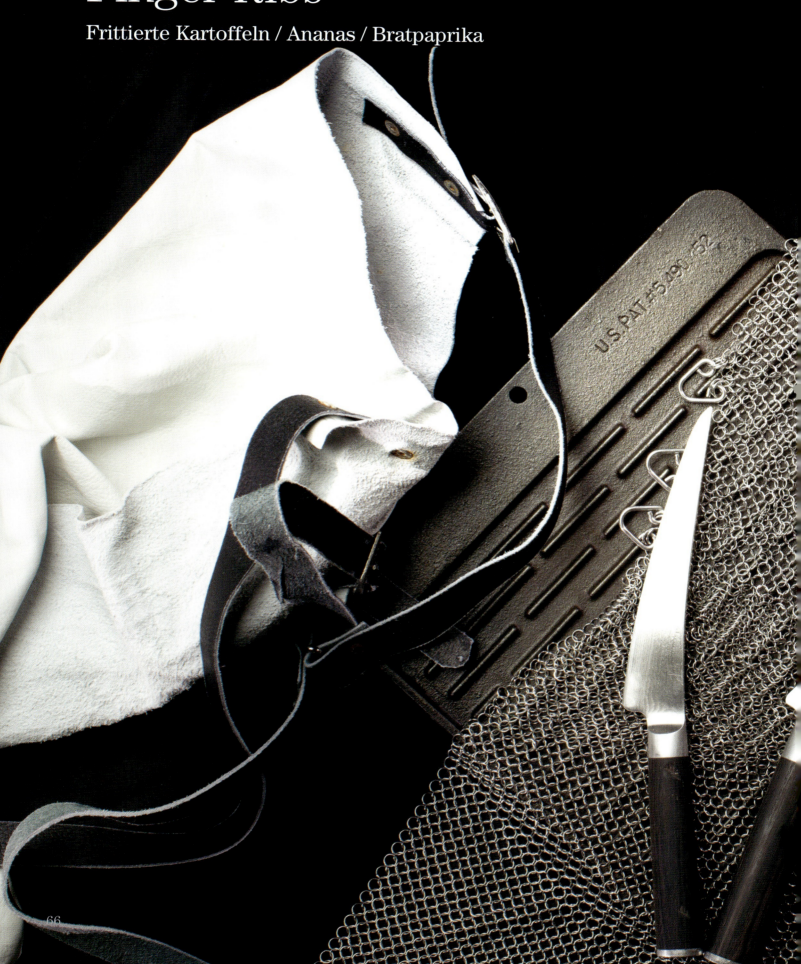

RAUSCH DER FRÜHLING

GRILLSPARGEL
Schweinebauch / Rhabarber / Oliven

Weingut Stigler
Riesling, Großes Gewächs

Grillspargel

16 Stangen weißer Spargel
4 g Steinsalz
150 ml Wasser
40 g Butter

Den Spargel schälen und in einen Vakuumbeutel geben. Das Salz im Wasser auflösen, mit der Butter zum Spargel geben und vakuumieren. Den Spargel bei 85 °C im *Julabo-Wasserbad* 20 Minuten garen. Nach der Garzeit den Spargel scharf grillen, damit der Spargel das Grillaroma annimmt.

Schweinebauch

200 ml Rapsöl
1 Handvoll geröstetes Schwarzwaldheu
2 Stangen Rosmarinholz
600 g Bauch vom Berkshire-Schwein
Steinsalz

Das Rapsöl auf 60 °C erwärmen und das Heu sowie das Rosmarinholz hinzugeben. Alles ca. zwei Stunden ziehen lassen und danach passieren. Den Schweinebauch zuschneiden und mit dem Heuöl vakuumieren. Den Bauch 36 Stunden bei konstant 65 °C im *Julabo-Wasserbad* garen. Diesen nach der Garzeit zwischen zwei Holzbrettern im Beutel pressen und kaltstellen. Den kalten Bauch schließlich aus dem Beutel nehmen und in Portionen teilen. Diese auf dem Grill oder in der Pfanne anbraten und mit Steinsalz würzen.

Rhabarber-Oliven-Kompott

200 ml Kalbsfond (Grundrezept)
50 ml Himbeeressig
50 ml Himbeermark
40 g Ingwer in dicken Scheiben
Mark einer Vanilleschote
1 Zimtstange
160 g geschälten Rhabarber in Stücken
Speisestärke
40 g Taggiasca-Oliven
Steinsalz

Kalbsfond, Himbeeressig, Himbeermark, Ingwer, Vanillemark und die Zimtstange zusammen aufkochen. Diesen Fond 30 Minuten mit den Gewürzen ziehen lassen und danach passieren. Anschließend den Rhabarber im passierten Fond garen und wieder herausnehmen. Den Fond auf 150 ml reduzieren und mit Speisestärke binden. Nun die Oliven und den Rhabarber wieder einlegen, würzen und bei Zimmertemperatur servieren.

Kräutersalat

Verschiedene saisonale Kräuter, wie zum Beispiel Blutampfer, Vogelmiere, Eiskraut usw.
Vinaigrette „blanc" (Grundrezept)

Die Kräuter mit der Vinaigrette marinieren und auf dem Spargel anrichten.

Grillspargel

Schweinebauch / Rhabarber / Oliven

PORTRÄT CHRISTIAN KOCH

Ziemlich beste Freunde

Christian Koch arbeitet seit vielen Jahren an der Seite von
Oliver Rausch und gehört quasi zur Familie

 Eine besondere Arbeitsbeziehung, die glücklicherweise noch nicht die Züge einer „alten Ehe" trägt – das ist die Zusammenarbeit von Oliver Rausch mit Christian Koch, die bei Erscheinen dieses Buchs schon zwölf Jahre andauerte – eine ungewöhnlich lange Zeit in der Restaurantwelt zwischen dem Co und dem Chef einer Küche. Eine, die die Züge einer Freundschaft zwischen zwei sehr unterschiedlichen Menschen trägt. Im Sport spricht man bei so einem Duo gern von „kongenial".

Aufgewachsen sind sie nur drei Dörfer voneinander entfernt im Nordbadischen, kennengelernt haben sie sich 2005 im *Goldenen Käfer* in Ittlingen. Oliver war Küchenchef, Christian war Jungkoch nach der Lehre. Aus den früheren Anlaufschwierigkeiten, die die beiden zwischenmenschlich hatten, ist eine Hand-in-Hand-Zusammenarbeit geworden, wie es sie selten gibt. Beide haben ihre Schwerpunkte in der Küche, beide sehen sich aber auch als Allrounder. Auch in der Gestaltung der Karte, die Oliver verantwortet, legen sie ein Zusammenspiel an den Tag, das Christian als „perfekt" bezeichnet. Er mag den abwechslungsreichen Stil des *sHerrehus*, die ständigen neuen Erfahrungen, mit denen immer wieder versucht werde, auf das Erreichte einen draufzusetzen.

Anders als mit blindem Verständnis füreinander würde es auch nicht im Nur-zwei-Mann-Team funktionieren, sagt Christian. Er schätzt die Ruhe in der Küche, auch in Stresszeiten. Oliver sei hinter den Kulissen und jenseits vom öffentlichen Auftreten übrigens der Ruhigere, er selbst, der neun Jahre jünger ist, der Aufgeregtere.

Beide verbringen seit Jahren so viel Zeit zusammen, dass sie auch mal schweigsam ihre Arbeit erledigen oder sachlich diskutieren können. Trotz aller Wesensunterschiede freut sich jeder beispielsweise am Urlaubsende darauf, den anderen wiederzusehen.

Konzentrierter Austausch: Oliver Rausch und Christian Koch in der Küche des *sHerrehus*

Rhabarber-Baiser

100 g Demerara-Zucker
90 ml Wasser
6 g Eiweißpulver (Ovoneve)
20 ml Wasser
6 g Gelatine
150 g Rhabarberpüree
1 g Steinsalz

Den Zucker zusammen mit dem Wasser auf 121 °C erhitzen. Danach das Eiweißpulver mit 20 ml Wasser aufschlagen. Anschließend den heißen Zucker ins geschlagene Eiweiß geben und die eingeweichte Gelatine zufügen. Salzen und zuletzt das Rhabarberpüree mit aufschlagen, bis eine schnittfeste Masse entsteht. Diese in der gewünschten Form auf eine *Silpat-Matte* dressieren und bei 55 °C etwa 12 Stunden trocknen.

Zuckerblatt

10 g Glukose
20 ml Rhabarbersaft
1 Blatt Gelatine
250 g Puderzucker
Stärkepulver zum Ausrollen

Die Glukose zusammen mit dem Saft aufkochen und die zuvor eingeweichte Gelatine darin lösen. Nun den Puderzucker zugeben und einen Teig daraus kneten. Diesen in Folie einschlagen und ca. zwei Stunden in die Kühlung stellen. Den Teig nach der Kühlzeit mithilfe des Stärkemehls dünn ausrollen und in die gewünschte Form bringen. Die entstandenen Blätter bei 55 °C etwa drei Stunden trocknen.

RHABARBER-FERMENT
Kokosnuss / Granita / Mandeln

Kokosnusseis

250 ml Kokosmilch
250 ml Sahne
1 Ei
2 Eigelb
125 g Demerara-Zucker
1–2 g Xanthan
60 g Kokosmilchpulver

Die Kokosmilch mit der Sahne aufkochen. Das Ei zusammen mit den Eigelben und dem Zucker schaumig schlagen und in der Flüssigkeit auf 85 °C erhitzen (zur Rose abziehen). Die Masse erkalten lassen, das Xanthan und das Kokosmilchpulver dazumixen. Das Ganze in einen *Pacojet-Becher* geben und 24 Stunden gefrieren. Anschließend kann das Eis pacossiert werden.

Süßes Rhabarber-Ferment

150 g Demerara-Zucker
200 ml heißes Wasser
40 ml Himbeeressig
200 g Rhabarber, geschält und in Streifen
50 g Himbeeren

Den Zucker im heißem Wasser auflösen und den Essig hinzugeben. Dies auf die in Einmachgläser gefüllte Rhabarberstreifen und Himbeeren geben. Die Gläser offen bei Raumtemperatur etwa zwei bis drei Tage ruhen lassen. Danach verschließen und in der Kühlung mindestens zwei Wochen lagern. Das Ferment eignet sich getrocknet auch für Rhabarber-Chips.

Gebrannte Mandeln

16 gebrannte Mandeln, überzogen mit weißer Schokolade, als Garnitur verwenden.

MEINE WEINEMPFEHLUNG

Weingut Zähringer
Zähringer Löwe
Grand Reserve Grauburgunder

Salziges Rhabarber-Ferment

200 g Rhabarber, geschält und in Würfeln
200 ml warmes Wasser
40 ml Apfelessig
10 g Demerara-Zucker
10 g Steinsalz

Den Rhabarber in ca. 0,5 cm große Würfel schneiden und aus den restlichen Zutaten eine Lake herstellen. Die Würfel in ein Einmachglas oder einen Einmachtopf geben und mit der Lake bedecken. Dies nun drei bis vier Tage bei Zimmertemperatur offen stehen lassen. Anschließend ein bis vier Wochen in der Kühlung lagern. Schließlich kann das Ferment verwendet werden.

Rhabarber-Granita

250 ml Rhabarbersaft
100 ml Läuterzucker
125 ml Cidre
100 g Rhabarber
Saft einer halben Zitrone
Steinsalz
1–2 g Xanthan

Die Zutaten zu einem glatten Saft mixen. Dieser wird durch ein feines Sieb passiert und anschließend in einem flachen Gefäß eingefroren. Nun immer wieder die Eiskristalle aufbrechen und so die Granita zubereiten.

Rhabarber-Ferment
Kokosnuss / Granita / Mandeln

RAUSCH DER FRÜHLING

Brotchips

    altbackenes Baguette
    Erdnussöl
    Steinsalz

Das Baguette in feine Scheiben schneiden. Diese in Erdnussöl goldbraun und knusprig backen, auf Küchenkrepp abtropfen lassen und mit Steinsalz würzen.

KLEMMBACHFORELLE
Roher Spargel / Süße Zitronen / Raps

Lachsforelle

400 g Klemmbach-Lachsforellenfilet
Orangenabrieb
Steinsalz
Rapsöl (kaltgepresst)

Das küchenfertige Lachsforellenfilet mit einem sehr scharfen Messer in dünne Scheiben schneiden. Die Scheiben mit dem Orangenabrieb, dem Steinsalz und dem kaltgepressten Rapsöl würzen.

Forellenfilet

2 Klemmbach-Forellenfilets à 150 g
Rauchöl
Steinsalz

Die küchenfertigen Forellenfilets portionieren und mit Öl und Steinsalz würzen. Die Filets werden im Ofen unter Folie bei 65 °C gegart und anschließend angerichtet.

Roher Spargel

4 Stangen weißer Spargel
4 Stangen grüner Spargel
10 ml Rapsöl
20 ml weißer Balsamico
Steinsalz
Pfeffermischung (Grundrezept)

Die Spargelstangen schälen und in dünne Streifen hobeln. Unmittelbar vor dem Servieren mit dem Rapsöl, dem Balsamico und den Gewürzen marinieren.

MEINE WEINEMPFEHLUNG

Weingut Franz Herbster
Auxerrois

Rapsblüten und Kräuter

Rapsblüten
Kräuter der Saison
weißer Balsamico mit Pfeffer
Rapsöl
Steinsalz

Die Rapsblüten und die verschiedenen Kräuter (zum Beispiel Blutampfer, Bronzefenchel, Majoran, Salbei usw.) mit Essig und Öl marinieren und mit Salz würzen.

Süße Zitronen

2 unbehandelte Zitronen
50 g Rohrohrzucker
100 ml Wasser
1 Nelke
1 Lorbeerblatt
½ Zimtstange
1 Stk. Rosmarinholz
Steinsalz

Die Zitronen in ca. 1–2 mm dünne Scheiben schneiden und zwei Mal in jeweils frischem Wasser blanchieren. Den Zucker mit dem Wasser aufkochen und kurz abkühlen lassen. Schließlich die Gewürze und die Zitronen einlegen. Die Zitronen mindestens drei Tage in der Zuckerlake ziehen lassen.

Klemmbachforelle

Roher Spargel / Süße Zitronen / Raps

PORTRÄT JOEL SIEGEL

Zum Demeter-Gedanken gehört für Joel aber nicht nur, dass jede Landwirtschaft individuell sein müsse, „auch wenn das ein bisschen Utopie ist", wie er selbstironisch sagt. Es gehe auch darum, Tiere so einzubinden, dass sie „ihren Beitrag leisten zum Charakter des Betriebs".

Für Oliver Rausch erntet Joel unter anderem grüne Erdbeeren, die frühsommerlichen Gerichten ein besonderes, frisches Aroma geben. Kennengelernt hatten sie sich über Joels Kollegen Markus Wurth, den er belieferte. „Ich habe eine Weile seine Produkte gekauft, ohne zu wissen, wer er ist", sagt Oliver. Ergeben hat sich später eine enge Zusammenarbeit: Bei Oliver wird es künftig auch Eier von Joels Hof geben. Er tauscht sich mit ihm über die anstehende Nudelproduktion für dessen Hofladen aus. Auch für die *Movin' Kitchen* der *Familienwerkstatt* ist das Naturgut Hörnle ein Partner für Events geworden. Ein schönes Ausflugsziel für Eltern und Kinder sei es ohnehin, sagt Anne Rausch.

Für den Koch ist es schön zu beobachten, wie der Landwirt „wissenschaftliche Erkenntnisse aufgreift, aber von der Natur lernt". Für den zurückhaltenden Joel, dessen 16 Apfelsorten zu den schmackhaftesten Obsterzeugnissen gehören, die unsere Gegend bereithält, ist dieses ständige Lernen der Weg, der das Ziel ist. Mit missionarischem Eifer, aber ohne heiligen Zorn. Siegel tauscht sich auch mit Landwirten aus, die nicht seine Philosophie verfolgen.

Aus seinem Mund kommen Sätze, die mancher ruhelose Geist sich einmal anhören sollte: „Bei mir steht nicht das Produkt im Vordergrund, sondern der Prozess über mehrere Jahre. Alles, was ich als Landwirt auf dem Acker tue, spiegelt sich im Apfel wider." Und: Er wolle das Feld nach 30 Jahren besser weitergeben, als er es vorgefunden habe. „Ich bin hier nur zu Gast." Am Ende geht es schlicht um Fruchtbarkeit statt Erschöpfung. Für die Böden, aber auch für ein respekterfülltes Leben im Einklang mit der Natur.

Alter Hof, moderne Bewirtschaftung: Joel Siegels Obstgut auf dem *Naturgut Hörnle*

Anbau mit Weitblick: den Acker auch für die Zukunft bestellen

In der Nähe von Bordeaux hat er sich dann erstmals mögliche eigene Höfe angeschaut, es seien damals viele frei geworden, sagt er. Der Zufall wollte es, dass seine Frau damals zurück nach Berlin wollte. Freiburg lag in der Mitte, also haben sich die beiden dort angesiedelt. Siegel arbeitete im Elsass und am Kaiserstuhl und suchte währenddessen auf beiden Seiten des Rheins nach Flächen.

In Norsingen schloss er schließlich 2009 im Rahmen einer Nachfolgeregelung einen Vertrag für einen Hof ab, den er seit einem Jahr bewirtschaftet hatte. Unter seiner Ägide fand die Umstellung auf Bio statt – ein intensiver Prozess, bei dem nicht von heute auf morgen ein Schalter umgelegt werden kann. Zwei weitere Jahre verbrachte er mit diesem Projekt, eine Vermarktung lief langsam an, zur Biobranche gab es erste Kontakte, bis sich 2011 durch eine verwandtschaftliche Verbindung ergab, dass die Produkte zum Bio-Großhändler Rinklin und in erste Läden fanden. Das nahm Fahrt auf, wie Joel erzählt, bald brauchte er einen größeren Anbau, um die Nachfrage bedienen zu können. 2016 konnte er seine Ideen in Gänze verwirklichen, bis dahin dauerte das, was er die „Anschubphase" nennt. Nicht wenige hätten vermutlich jede Geduld und Ausdauer über Bord geworfen: Geld gab es keines von der Bank, die genossenschaftliche Regionalwert AG sprang ein, Gesellschafter mussten einsteigen.

Ihm begegnete Sonja Mathis, die Nachbarin mit einem ebenfalls großen Gelände. Zusammengelegt mit ihrem alten Gemüseanbau-Hof konnte er am heutigen Standort 2016 alles auf Demeter umstellen, jene Bewirtschaftung, die auf anthroposophische Gedanken zurückgreift. Und er konnte sich ausbreiten: mit Gemüse auf acht Hektar, dazu weiten Flächen für Obst, Blumenwiesen, und sogar Getreide und Hühner. Der Weg zu einer nachhaltigen, vollwertigen Landwirtschaft war frei für Joel Siegel. Heute arbeiten vier Festangestellte und je nach Saison rund 20 Aushilfen bei ihm.

Für die Vielfalt nimmt Joel gestiegene Kosten in Kauf, aber sie ist unerlässlich: Die Anschaffung von Hühnern beispielsweise geht schlicht darauf zurück, dass ihm adäquater Festmist zum Düngen fehlte. Wenn überhaupt, werden Hühner heute überwiegend auf Beton gehalten, nicht mehr auf Stroh. Daher gibt es immer weniger biologischen Kompost, sondern umweltgefährdende Gülle.

PORTRÄT JOEL SIEGEL

Ein bisschen Utopie

Mit missionarischem Eifer, aber ohne heiligen Zorn:
Der Obst- und Gemüsebauer Joel Siegel lernt täglich von der Natur

 Nur so eine Idee: Man sollte gestresste Manager busweise auf dem Hof des Bio-Landwirts Joel Siegel vorbeibringen. Der Hof ist ein wunderbares, weitschweifiges Areal zwischen Mengen und Schallstadt zu Füßen des Markgräfler Landes. Sein Betreiber ist ein junger Mann, für den es nichts Entspannenderes gibt, als draußen seine Pflanzen zu schneiden. Möglichst einen ganzen Tag lang und ohne Mobiltelefon.

Selbstverständlich käme Joel in all seiner Bescheidenheit nie auf die Idee, bei sich zuhause Achtsamkeitsseminare oder ähnlich Angesagtes zu veranstalten. Dabei gäbe es auf seinem Hof, den er nach der Demeter-Lehre bewirtschaftet, noch viel mehr zu lernen als nur wahre Entspannung. Die viel beschworene Nachhaltigkeit statt Ressourcenverschwendung lebt Joel auf seinen Äckern und Feldern mit seinem Gemüse und Obst. Äpfel, Birnen, eine Vielzahl an Beerensorten, Zwetschgen, Aprikosen und Pfirsiche. Aber auch Rhabarber, Spargel, Karotten, Paprika und Brokkoli, dazu Kräuter und sogar Melonen – pure Freude, aber auch harte Arbeit, die hinter ihm liegt. Zu wissen, was mit den Pflanzen los ist, vergleicht er mit einem Beruf in der Pflege. Den könne man auch nicht am Schreibtisch hinterm Computer ausüben, sagt er. Joel hat auf vielfältige Weise zu seiner Philosophie gefunden: durch familiäre Einflüsse, unterschiedliche Betriebe an wechselnden Standorten, aber auch mit ein wenig Glück zum richtigen Zeitpunkt.

Bereits sein Vater bewirtschaftete in den 80er Jahren biodynamisch Streuobstwiesen. Er starb, als der im Elsass geborene Joel Siegel 20 Jahre alt war. Seine Ausbildung als Obstbautechniker führte Joel auf Wanderschaft. In Südfrankreich lernte er ab 2003 zunächst in einem konventionellen Betrieb bei einem industriellen Produzenten, der große Supermarktketten wie *Carrefour* belieferte. Die Biowelt schien ihm damals zu einengend.

RAUSCH DER FRÜHLING

KALBSTAFELSPITZ

Tatar / Mango / Haselnuss-Mayonnaise

Kalbstafelspitz

ca. 600 g Kalbstafelspitz am Stück
Pfeffermischung (Grundrezept)
braune Butter
Steinsalz

Den Tafelspitz mit Pfeffer würzen und in brauner Butter anbraten. Danach auskühlen lassen, vakuumieren und bei 56 °C im *Julabo-Wasserbad* 12 Stunden garen. Den Tafelspitz nach der Garzeit in Eiswasser abkühlen und mithilfe der Aufschnittmaschine in dünne Scheiben schneiden und salzen.

MEINE WEINEMPFEHLUNG

Weingut Stigler
Chardonnay Pagode GG

Kalbstatar

160 g Kalbsfiletkopf
10 ml Rapsöl
10 g gehackter Kerbel
Steinsalz
Pfeffermischung (Grundrezept)

Das Kalbsfilet in feine Würfel schneiden und mit Rapsöl, Kerbel und den Gewürzen abschmecken

Avocado

1 Hass-Avocado
1 EL Sauerrahm
Steinsalz
Togarashi-Chili

Die Avocado in 0,5 cm große Würfel schneiden. Diese mit dem Sauerrahm und den Gewürzen abschmecken.

Radieschen und Mango

Fermentationslake (Grundrezept)
200 g Mango in Stücken
200 g Radieschen in Scheiben, mit Strunk und Wurzel

Die Fermentatioslake nach dem Grundrezept herstellen. Die Mango und die Radieschen separat nach Anleitung fermentieren. Bei Zimmertemperatur servieren.

Haselnuss-Mayonnaise

2 Eigelb
5 ml weißer Balsamico mit Pfeffer
5 g Dijon-Senf
100 ml Haselnussöl
20 g Sauerrahm
Steinsalz
20 g Haselnüsse, gehackt und geröstet

Die Eigelbe mit dem Essig und dem Senf in eine Schüssel geben. Das Öl langsam in die Eigelbmischung geben und eine Emulsion erzeugen. Zuletzt den Sauerrahm und die Gewürze zugeben und abschmecken. Die gerösteten Haselnüsse beim Anrichten auf die Mayonnaise streuen.

Zwiebelsud

800 ml Kalbsbrühe (Grundrezept)
100 g Schalotten, fein gewürfelt
Thymianzweige
0,6 g Iota
Steinsalz

Die Kalbsbrühe mit den Schalotten und dem Thymian auf 250 ml reduzieren. Den Sud abkühlen lassen und das Iota zugeben. Alles auf 85 °C erhitzen und mit dem Steinsalz würzen. Den Sud bei Zimmertemperatur servieren.

Kalbstafelspitz
Tatar / Mango / Haselnuss-Mayonnaise

RAUSCH DER FRÜHLING

Rübenblatt-Pesto

100 g Blätter von der Mairübe
50 g Rapsöl
5 ml Oliven-Bergamotte-Öl
20 g Grana Padano
20 g geröstete Haselnüsse
Steinsalz
Pfeffermischung (Grundrezept)

Aus den Zutaten im Steinmörser ein aromatisches Pesto zubereiten und dieses mit Steinsalz und Pfeffermischung würzen.

Shisoblätter, Feuerbohnenblüten und Bronzefenchel

Die Kräuter und die Feuerbohnenblüten mit Olivenöl und Steinsalz marinieren und als Topping verwenden.

BLAUE GARNELE
Rettich / Radieschen / Knäckebrot

Blaue Garnele

160 g blaue Garnele
20 ml Olivenöl
Steinsalz

Das Garnelenfleisch in feine Stücke schneiden und anschließend mit Olivenöl und Steinsalz würzen.

MEINE WEINEMPFEHLUNG

Weingut Stigler
Weißburgunder

Weißer Rettich

1 weißer Rettich in dünnen Scheiben
40 ml weißer Balsamico mit Pfeffer
20 g Rohrohrzucker
60 ml Wasser
5 g Steinsalz
Shisoblätter

Die Zutaten ohne die Shisoblätter zusammen vakuumieren und 24 Stunden ziehen lassen. Danach mit den Shisoblättern einrollen und anrichten.

Knäckebrot

50 g Dinkelmehl
60 g Haferflocken
40 g Weizenkleie
20 g Sesam, ungeschält
30 g Leinsamen
20 g Hanfsamen, geschält
1 EL Rapsöl
350 ml Wasser
Steinsalz

Die Zutaten in den Mixer geben und kurz mixen, nicht fein pürieren. Danach im Kühlschrank ca. 12 Stunden quellen lassen. Die Masse sehr dünn auf Backpapier streichen und im Ofen bei 180 °C goldbraun backen.

Fermentierte Radieschen

1 Fermentationslake (Grundrezept)
200 g Radieschen in Stücken mit Strunk und Wurzel

Die Fermentationslake nach dem Grundrezept herstellen und die Radieschen nach Anleitung fermentieren lassen. Die Radieschen werden zimmerwarm serviert.

Mairüben-Coulis

200 g Mairübe, geschält
100 ml Wasser
10 ml Rapsöl
10 ml weißer Balsamico mit Pfeffer
3 g Xanthan
Steinsalz

Die Zutaten werden im Mixer fein püriert und danach durch ein Sieb passiert. Das Coulis nochmals abschmecken und dann anrichten.

Blaue Garnele
Rettich / Radieschen / Knäckebrot

PORTRÄT RINGLIHOF

Neben dem Käse sind es Quark und Milch, die den Horbener Hof verlassen, oder das Fleisch der Zicklein, aus dem auch Wurst gemacht wird. Zum Angebot dieses sehenswerten Hofs gehören auch 15 Schweine, die mit der Ziegenmolke gefüttert werden. Produkte wie Heumilch, derzeit als Erzeugnis regionaler Molkereien in aller Munde, gibt es bei Familie Rees schon lange. Zudem stehen für Gäste drei Ferienwohnungen zur Verfügung.

Oliver Rausch, der bei einem spontanen Familienausflug den Ringlihof und seine Betreiber kennenlernte, hat noch ein paar Ideen mehr als die vielen Stammkunden, die Otto und Barbara in den vergangenen Jahrzehnten gewonnen haben: Er verwendet Ziegensahne für ein Erdbeerdessert mit Bauernmilch, nutzt aber auch das Heu des Hofs für Heuasche oder Soßen. Der Ringlihof ist ein regional-biologischer Vorzeigebetrieb, der sich durchgesetzt hat, indem er sich Zeit genommen hat, um den Geschmack seiner Erzeugnisse zu verfeinern. Und der heute noch in eine nachhaltige Ziegenwirtschaft investiert.

Für die Zukunft ist gesorgt. Der älteste Sohn Johannes ist nach seiner Ausbildung in zwei anderen Betrieben wieder heimgekehrt. Er ist jetzt in der Käserei im Einsatz. „Auch er muss reifen", sagt sein Vater Otto über den Nachwuchs. Der Ringlihof ist eben kein stur geführtes Familienunternehmen, sondern ein cleveres.

Kellerschätze: Frisch-, Weich- und Hartkäse aus dem Sortiment der Familie Rees

Clevere Tiere: zwei Zicklein der „Bunten Deutschen Edelziege"

Noch vertrauenerweckender als ihr Blick sind die Erzeugnisse, die sie liefern. Aus 300 Litern Milch pro Tag fertigt die Familie Rees – Otto und Barbara haben vier Kinder – vornehmlich Frisch-, aber auch Weich- und Hartkäse, den sie zu mehr als der Hälfte auf Märkten der Region verkaufen. Eine Pionierleistung, die mit einer außerordentlichen Qualität, starker Verbundenheit zu den Tieren und viel Handarbeit geschafft wurde.

Der Übergang von der Kuhmilchwirtschaft zur Ziegenhaltung war beim Ringlihof damals auch historisch bedingt: Das Geschäftsmodell mit Kühen wurde um 1990 erschwert, denn die deutsche Einheit brachte Großbetriebe mit viel Fläche in den neuen Bundesländern, die Familie Rees dagegen hatte keine Erweiterungsmöglichkeiten. Mit der Umstellung auf Ziegenmilchprodukte riskierten sie einiges. Mit der Umstellung auf Ziegenmilchprodukte betraten sie Neuland. Otto lernte das Käsen bei anderen Betrieben in Deutschland. Im Jahr 1995 gingen er und Barbara erstmals auf regionale Märkte wie den am Freiburger Wiehrebahnhof. Heute arbeiten bei ihnen drei Mitarbeiter in der Käserei und der Landwirtschaft, die Zahl der Rees-Ziegen hat sich verzwanzigfacht. Dabei handelt es sich mehrheitlich um die „Bunte Deutsche Edelziege", die ein bräunliches Fell trägt. Dazu gesellt sich die „Weiße Deutsche Edelziege". Sie werden fünfmal am Tag gefüttert, denn sie sollen sich zwischen den Mahlzeiten bewegen und nicht alles auf einmal hingeworfen bekommen. Auf diese Weise besteht ein enger Kontakt zu den Tieren. Der Betrieb war von 2001 an „EG-Bio"-zertifiziert, seit 2005 wirtschaftet er nach Bioland-Kriterien. Als am wichtigsten für den Vertrieb empfanden Barbara und Otto die sehr gute Beratung durch die Mitarbeiter von Bioland. Beim Dünger mussten sie keine Umstellungen vornehmen, lediglich das Futter wurde aus Bioanbau bezogen. Der Frischkäse, mit ihm wird etwa die Hälfte des Umsatzes erwirtschaftet, wird auf dem Ringlihof teilweise mit dem bloßen Arm in Handarbeit gerührt und kann schon nach drei Tagen gegessen werden. In der zweiten Woche wird der Käse auf dem Markt verkauft. Etwas länger reifen Weichkäse wie Ziegenbrie, Ziegencamembert und der Feta-ähnliche *Capra,* die vier Wochen liegen, oder der halbfeste Schnittkäse, der während sechs Wochen eine sortentypische Rotschmiere entwickelt. Der Hartkäse wird rund ein halbes Jahr gelagert. „Länger geht nicht", sagt Barbara, „bis dahin ist er längst verkauft." Von der Qualität schwärmen die Produzenten selbst als „göttlich wie bei einem Parmesan".

PORTRÄT RINGLIHOF

Nichts zu meckern

Der Hof der Familie Rees war einer der ersten in der Region, der Ziegen hielt.
Über das Reifen von Käse – und das der nächsten Generation

Otto Rees und seine Frau Barbara haben sich auf ein besonderes Wagnis eingelassen, als sie 1990 ihren Hof im Süden, oberhalb von Freiburg, auf Ziegenhaltung umgestellt haben. Es waren gleich mehrere Vorurteile zu widerlegen. Das klassische: Ziegen sind stur, das Attribut „bockig" verdanken sie den männlichen Vertretern dieses eigentlich recht sozialen Herdentieres. Auch das Verb „meckern" wird ständig mit ihnen in Verbindung gebracht.

Der weit schlimmere Vorbehalt damals: Produkte von Ziegen schmecken nicht. Als Otto Rees und seine Frau Barbara mit zehn Ziegen ihre Zucht starteten, mussten sie oft Dinge hören wie: „So was essen wir nicht." Der Geschmack von Milchprodukten wie auch von Fleisch der Ziege wurde damals noch als „muffig" wahrgenommen.

Otto und Barbara konnten beides widerlegen. Heute sind bei ihnen 200 überaus fröhliche Ziegen in Ställen und auf Wiesen in der Gemeinde Horben aktiv. Zweimal am Tag werden sie gemolken. Der Hof wurde zum größten Selbstvermarkter in der Region, was Milchprodukte von der Ziege angeht. Otto Rees sagt, dass vielleicht Esel stur seien, Ziegen dagegen eher clever. Ihre Neugierde auf die Besucher des Ringlihofs ist unübersehbar, sie blinzeln einem direkt in die Augen.

Handarbeit: Otto Rees bei der Käseherstellung

RAUSCH DER FRÜHLING

ZIEGENFRISCHKÄSE
Heuasche / Rhabarber / Wildkräutersalat

Ziegenfrischkäse

500 g Schwarzwaldheu
1 l Rapsöl, kaltgepresst
300 g Ziegenfrischkäse

200 g Heu im Ofen bei 160 °C ca. 10 bis 20 Minuten rösten und danach etwa 12 Stunden in Rapsöl einlegen. Alsdann das Heu in ein feinmaschiges Tuch geben und passieren. Nun den Ziegenfrischkäse in vier Portionen teilen und 12 Stunden im Heuöl einlegen. 300 g Heu in einer feuerfesten Form zu Asche verbrennen. Sobald diese erkaltet ist, im Mixer fein mixen. Den eingelegten Käse vor dem Servieren auf Zimmertemperatur bringen, salzen und in der Asche rollen.

Rhabarber

280 ml Wasser
20 ml Himbeeressig
120 g Demerara-Zucker
80 g Himbeeren
30 g Ingwer
400 g Rhabarberstangen, geschält
2 g Agar
Xanthan

Aus Wasser, Essig, Zucker, Himbeeren sowie dem Ingwer einen Fond kochen und passieren. Anschließend den in kleine Stücke geschnittenen Rhabarber darin garen. Nun 150 ml Fond abnehmen und mit 2 g Agar aufkochen. Diesen Fond ca. 1–2 mm dick auf ein flaches und perfekt planes Gefäß gießen und in der Kühlung gelieren lassen. Den restlichen Fond mit Xanthan sämig binden und den Rhabarber darin einlegen. Das Gelee rund ausstechen und auf dem Ziegenfrischkäse anrichten.

MEINE WEINEMPFEHLUNG

Weingut Arndt Köbelin
Riesling Vulkanstein

Wildkräuter

100 g Kräuter-Mix (Koriander, Fenchel, Schafgarbe, Basilikum, Klee, Kerbel, Kapuzinerkresse usw.)
30 ml Rapsöl mit Heu-Aroma
20 ml Rhabarber-Balsamessig
Steinsalz
Pfeffermischung (Grundrezept)

Die Kräuterauswahl waschen und in mundgerechte Stücke zupfen. Diese mit Rapsöl, Essig, Steinsalz und Pfeffer marinieren und auf dem Rhabarbergelee anrichten.

Brotcroûtons mit Heu

120 g Oberlindenbrot
20 g Schwarzwaldheu, gehackt
60 g Butter
Steinsalz

Das Brot in feine Würfel schneiden und mit dem Heu in Butter goldbraun rösten. Die Croûtons auf dem Wildkräutersalat verteilen. Gerne kann man zu diesem Gericht noch etwas Tannenhonig, verdünnt mit Rhabarber-Balsamessig, als Soße geben.

Ziegenfrischkäse

Heuasche / Rhabarber / Wildkräutersalat

RAUSCH DER FRÜHLING

Koriandermilch

1 EL Koriandersamen, geröstet
50 ml Vorzugsmilch
100 ml Ziegensahne
Steinsalz
ca. 1 g Xanthan

Die Koriandersamen werden trocken geröstet und in die Milch mit der Ziegensahne gegeben. Diese nun einmal aufkochen und 15 Minuten ziehen lassen. Die Samen anschließend auspassieren, mit Steinsalz abschmecken und auskühlen lassen. Die kalte Koriandermilch mit Xanthan binden und bis zur Verwendung kaltstellen.

Basilikumsamen

1 TL Basilikumsamen
40 ml Wasser
Steinsalz

Die Samen in kaltem Wasser ca. 2 Stunden quellen lassen und danach mit Steinsalz würzen.

THUNFISCH
Grüner Apfel / Koriandermilch / Knäckebrot

Thunfisch-Tatar

200 g Thunfisch in Sashimi-Qualität
20 ml Basilikum-Olivenöl
Steinsalz
Pfeffermischung (Grundrezept)

Den Thunfisch in ca. 0,5 cm große Würfel schneiden und mit dem Öl marinieren. Das Tatar würzen und mithilfe von geeigneten Speiseringen in Form bringen.

Apfelsalat

120 g Natyra-Äpfel, in feinen Würfeln
10 g rote Chili, in feinen Würfeln
10 ml Rapsöl
Steinsalz

Die Zutaten vermengen und mit einem geeigneten Speisering in Form bringen.

Knäckebrot

50 g Dinkelmehl
60 g Haferflocken
40 g Weizenkleie
20 g Sesam, ungeschält
30 g Leinsamen
20 g Hanfsamen, geschält
1 EL Rapsöl
350 ml Wasser
Steinsalz

Alle Zutaten in den Mixer geben und kurz anmixen, nicht fein pürieren. Danach im Kühlschrank ca. 12 Stunden quellen lassen. Die Masse sehr dünn auf Backpapier streichen und im Ofen bei 180 °C ca. 15 Minuten goldbraun backen.

Weingut Zähringer
Sauvignon Blanc

Apfelfond, geliert

200 g Natyra-Äpfel
80 g Staudensellerie
20 g Blattpetersilie
20 g Ingwer
200 ml Apfelsaft
Steinsalz
1,8 g Iota

Alle Zutaten, mit Ausnahme des Iota, werden zu einem glatten dünnflüssigen Püree gemixt. Dieses anschließend durch ein feines Tuch abtropfen lassen. Nun in den Apfelfond das Iotapulver kalt einmixen und den Fond auf 85 °C erhitzen. Zuletzt nochmals abschmecken und bis zur Verwendung kaltstellen.

Apfelwürfel

12 Würfel vom Natyra-Apfel, ca. 1 cm
20 ml Apfelfond
10 ml Basilikum-Olivenöl
Steinsalz
Pfeffermischung (Grundrezept)

Die Apfelwürfel werden mit dem Fond, dem Öl und den Gewürzen vakuumiert und etwa zwei Stunden mariniert.

Thunfisch

Grüner Apfel / Koriandermilch / Knäckebrot

Der Frühling

PORTRÄT OLIVER RAUSCH

Im Kapitel über Jasmin Dürr und Julius Mager ist ausgeführt, warum es sich bei der einzigartigen Qualität ihrer Hähnchen gelohnt hat, die ethisch fragwürdige Gänsestopfleber von der Karte zu verbannen und sie durch Leber vom Huhn zu ersetzen. Mit der Metzgerei Kaltenbach aus Schallstadt war es möglich, mit hochwertigem Lamm und Rind aus der Region zu arbeiten und auf Auslands-Importe wie US Beef zu verzichten. Die Begegnungen mit Jasmin, Julius, den Kaltenbachs und den vielen anderen Produzenten in diesem Buch waren für mich wie ein Neubeginn.

Dieser führte zu einer Reduktion, die für uns ein Besinnen aufs Wesentliche war, die allerdings auch Aufwand erforderte: Wenn eine Gourmet-Küche nicht von wenigen Großmarkt-Lieferanten abhängt, sondern auf zahlreiche Lieferanten verteilt ist, braucht es einen besonderen Plan: Unser Plan für die Menüs einer Woche wird jeweils am vorhergehenden Samstag akribisch ausgearbeitet, ehe die Bestellungen zum Wochenanfang rausgehen. Vieles hole ich selbst bei den Erzeugern ab, auch der direkte Austausch mit ihnen ist für mich regelmäßige Inspiration.

In meiner Ausbildung hatte ich die Basics kennengelernt, was keineswegs selbstverständlich ist. Bei Jörg Sackmann bekam ich das Feintuning, im *Goldenen Käfer* konnte ich mich zum ersten Mal austoben und lernte das Schreiben ganzer Menüs. Jetzt begann eher ein Hinterfragen: Für mich führte es zu einer Klarheit, zur Abwendung von der sogenannten „Pinzettenküche", bei der immer filigranere Konstruktionen und Tüpfelchen angerichtet werden. Und es war die Abkehr von der Verwendung von zig Gewürzkomponenten hin zu einer Klarheit des Produkts.

Um die Klarheit zu bewerkstelligen, haben wir uns auch Gedanken über die Zubereitungsarten gemacht. Den besten Geschmack beim Fleisch erzielen wir seit vier Jahren mit der schonenden Sous-vide-Methode, also dem langen Garen mit niedrigen Temperaturen. Hektisches A-là-minute-Braten gibt es bei uns seither nicht mehr. Bei Gemüse und Obst haben wir uns auf eine alte Tradition besonnen, die des Fermentierens: Wie beim Einwecken zu Großmutters Zeiten können wir mit einem Fond aus Zucker, Essig und Salz einen besonderen Geschmack hervorbringen. So können wir übrigens die Genüsse, die die Region uns bietet, im Glas haltbar machen, ohne auf allzuviel Flugobst und -gemüse zurückgreifen zu müssen.

Allerdings benötigt beispielsweise ein fermentierter Pfirsich auch vier Wochen Vorlauf. In unserer Küche, die auf die Routine von Christian und mir als eingespieltes Tandem setzt, bauen wir auf die Einmaligkeit unserer Zutaten. Diese Wertigkeit und der Verzicht auf kurzfristige Trends haben uns bereichert; seit 2013 bekommen wir jährlich einen Stern im *Guide Michelin*.

Für mich war ein Stern nie das Wichtigste der Welt, wichtig ist bei jedem Restaurant, dass alle Gerichte einfach gut gekocht sind. Uns hat er Aufmerksamkeit gebracht, aber wir haben nicht deswegen die Preise erhöht. Kochkurse biete ich weiterhin nur an den Ruhetagen, Sonntag und Montag, an. Wie schwer greifbar der Stern überhaupt ist, habe ich gemerkt, als meine Kinder mich abends gefragt haben, in welcher Schatulle ich ihnen den Stern denn zeigen könne.

Wir sind durch die Auszeichnung jedenfalls nicht von unserem Arbeitsethos abgewichen: In der Küche des *sHerrehus* arbeiten wir unverändert zu zweit, allenfalls eine Kraft an der Spüle hilft uns als Verstärkung. Ich drehe auch weiterhin ungern die Honneurs-Runde durchs Lokal, wenn ich weiß, dass Christian gleichzeitig noch mit den Aufräumarbeiten beschäftigt ist. Wir machen alles gemeinsam, es gibt keinen, der früher heimgeht.

Gebrüllt wird in unserer Küche auch nicht, weil es für die Qualität des Essens nichts bringt. Ich kann im *Schloss Reinach* nahezu alle meine Vorstellungen verwirklichen, ohne ein Gramm von dem abzuweichen, was ich erreichen will: einen ganz eigenen Weg zu gehen, bei dem das hochwertige Produkt im Vordergrund steht – ohne Starkoch-Hokuspokus und mit einer gewissen Kompromisslosigkeit. Mir ist wichtig, dass ich aus nächster Nähe erleben darf, was Essen bei Menschen auslöst, die es genießen können – das macht meinen Beruf für mich zum schönsten überhaupt. Auch wenn der Schreiner immer noch nicht ‚vom Tisch' ist.

In den Jahren in Baiersbronn, wo ich von 2001 bis 2003 gearbeitet habe, begegnete ich nicht nur den Hierarchien einer hochambitionierten Küche im Gourmet-Dorf, sondern auch einer besonderen Philosophie: Jörg Sackmann ist unbestritten ein genialer Koch. Es gibt in seiner Küche kein Beiwerk, die Zubereitung einer Zucchini hat dort die gleiche Bedeutung wie die von edlem Fleisch oder Fisch. In dieser Zeit habe ich gelernt, das Beste aus jedem Ausgangsprodukt zu machen. In der eingeschworenen Truppe, die von einer Küche aus drei unterschiedliche Haus-Restaurants versorgte, habe ich ebenso in zwei „Vollgas-Jahren" die Basics und die Hingabe fürs Detail kennengelernt. Aber auch, dass die Menschen an erster Stelle stehen sollten.

Der Zufall wollte es, dass es für mich über einen Ex-Kollegen vom *Schloss Michelfeld* zum *Goldenen Käfer* nach Ittlingen ging, wo ich mehr als drei Jahre Souschef und Chef de Cuisine war. Hier traf ich außerdem meinen heutigen „Co" Christian Koch, den ich fast genauso lange kenne wie meine Ehefrau Anne. Auch ihr bin ich dort glücklicherweise begegnet. Als das erste unserer zwei Kinder auf der Welt war, folgte ich mit meiner Familie meinem einstigen Ausbilder René Gessler in den Freiburger Ortsteil Munzingen. Christian hat als Co mitgewechselt, weil wir hervorragend eingespielt waren und weil wir unsere Ideen dort eins zu eins umsetzen können.

Für uns fand hier ein Umdenken statt: Das *sHerrehus* war immer das Gourmet-Restaurant unter den unterschiedlich ausgerichteten Küchen im *Schloss Reinach*. Aber es hatte eine wechselhafte Vorgeschichte, weshalb es zunächst schwer war, hier etwas Neues zu etablieren. Letztendlich haben all die Erzeuger, die wir in diesem Buch vorstellen, das Umdenken befördert. Es ging los mit Markus Wurths Biogemüse, dessen Vielfalt und echten Geschmack ich als Erstes zu schätzen lernte.

PORTRÄT OLIVER RAUSCH

Besinnen aufs Wesentliche

Wie ich es gelernt habe, einige Dinge wegzulassen und andere neu zu entdecken

Vermutlich waren es drei grundlegende Prägungen, die mich dahin gebracht haben, wo ich heute mit der Küche des *s Herrehus* in Freiburg-Munzingen angekommen bin: zunächst die Küche meiner Großmutter im Nordbadischen. Dann die Jahre nach meiner Ausbildung, während derer ich bei Jörg Sackmann in Baiersbronn gekocht habe. Vor allem aber die Begegnungen meiner Freiburger Zeit, in der ich gelernt habe, die Gourmet-Küche zu hinterfragen – um sie ein wenig neu schätzen zu lernen.

Meine Kindheit war geprägt von den Gerichten und Düften der Großmutter-Küche: Leibgerichte wie Tafelspitz mit Meerrettich oder auch Kirschplotzer finden sich heute noch, in einer zeitgemäßen Variante, auf unserer Karte. Für mich sind sie eng mit Erinnerungen an die Weinlese, die Mahlzeiten mit viel Verwandtschaft und das Umfeld eines evangelischen Kirchhofs verbunden. Letztlich haben sie dafür gesorgt, dass ich nach Praktika und Jobs nicht den handwerklichen Beruf eines Raumausstatters oder Schreiners ergriff, sondern den des Kochs. An den ersten Praktikumstag in meiner späteren Ausbildungsstätte, im *Schloss Michelfeld* nahe Sinsheim, kann ich mich noch ziemlich gut erinnern: weil ich als Erstes 20 Kilogramm Seezunge filetieren durfte. Und trotzdem daran Spaß gefunden hatte. Drei Monate später, 1996, begann ich als 18-Jähriger mit der Ausbildung. Mein Chef in dieser Zeit war derselbe wie heute: René Gessler, der mich gut zehn Jahre später ans *Schloss Reinach* holte, wo das *s Herrehus* seinen Sitz hat. Zu meiner kulinarischen Biografie sollte noch der eine oder andere erfreuliche Zufall gehören.

Neugierig bleiben: Oliver Rausch schätzt die Inspiration und den Austausch

Über dieses Buch

Am Anfang

Manchmal ist es eine einfache, gemütliche Kaffeerunde, die viel Spaß und neue Begegnungen, aber auch Arbeit bringt. Die Idee, die ein Freund uns während eines solchen Sonntagskaffees in den Kopf setzte, war eigentlich zu abwegig und unrealistisch, um angegangen zu werden.

Doch schon nach wenigen Tagen war klar: Wir machen dann mal ein Kochbuch. Welche Ausmaße, aber auch welche Unterstützung es bekommen würde, konnten wir zu diesem Zeitpunkt nicht ahnen.

Der Zufall, Glück und viele Freunde bescherten uns schon innerhalb weniger Wochen ein komplettes Team zur Produktion des Kochbuchs – ohne es in einen Verlag einbinden zu müssen. Der Anfang war gesetzt, ein roter Faden konnte schnell gefunden werden.

Unser Weg

Schnell war klar, dass unser Buch, wie es sich jeder Autor vornimmt, etwas Besonderes werden muss. Mit uns begaben sich der Fotograf Attila Jozsef, der Journalist Rudi Raschke und das Layout-Team um Christian Jungbluth auf den eingeschlagenen Weg. Sie alle halfen, unsere Vorstellungen zu Papier zu bringen, und gaben professionelle Ratschläge.

Im Vordergrund sollten die Gerichte des Restaurants *sHerrehus* ebenso stehen wie die Arbeit meiner Frau Anne mit ihrer *Familienwerkstatt*. Das Vorstellen unserer Freunde, Produzenten und Partner war uns eine Herzensangelegenheit. Beim Beschreiben unseres Weges wurde viel gelacht, mal sachlich diskutiert, mal unsachlich, hin und wieder schwer gefroren und geschwitzt, vor allem aber wurden unvergessliche Momente geschaffen.

Das Ziel

Anne und ich hatten uns zum Ziel gesetzt, eine Momentaufnahme entstehen zu lassen, zu zeigen, was Freiburg, die neuen Freunde und die neue Heimat mit uns und unserer Arbeit gemacht haben: die Veränderung im Umgang mit Lebensmitteln, das Hinterfragen von Abläufen und den Mut zu finden für neues Handeln. Die Menschen, die uns dabei begegneten und die wir heute unsere Freunde nennen, haben viel davon vorangetrieben.

Um das alles darzustellen, bedarf es vielleicht mehr als eines Kochbuchs. Wenn Sie es dennoch in diesem Buch finden, dann haben wir vieles richtig gemacht.

Ich wünsche viel Spaß beim Schmökern, beim Entdecken und natürlich beim Kochen.

Oliver Rausch

Neue Freunde – Freiburger Stadtgeflüster

Neue Heimat – Schwarzwald

Neue Küche – Inspiration durch die Natur

RAUSCH INHALT

Porträt Klaus Vorgrimmler 162	**Rausch** Empfehlungen 243
Porträt Beatrix und René Gessler 180	**Rausch** Grundrezepte 248
Porträt Brauerei Waldhaus 204	**Rausch** Glossar 253
Porträt Metzgerei Kaltenbach 222	**Rausch** Danksagung 255

Der Herbst

Der Winter

Kürbissalat 132
Safranvinaigrette / Kürbiskrapfen / Belper Knolle

Schwarzwälder Hirsch 136
Biskuit / Kirsche / Petersilienwurzel

Feigenblatt 140
Feige / Haselnusscreme / Salzige Zitrone

Buttermakrele 150
Schweinebauch / Malabarspinat / Tomaten-Kümmel-Jus

Rehrücken 154
Schwarzwurst / Kaiserling / Himbeere

Steinbutt 158
Eigelb / Erbsen / Morcheln

Rib-Eye vom Kalb 168
Cashewkerne / Pfirsich / Knoblauch-Ferment

Buttermakrele 172
Fermentierte Steinpilze / Wintertrüffel / Senföl

Crème Brulée 176
Vanillesorbet / Himbeeren / Streusel

Kalbshaxe 192
Wurzelpüree / Karotten / Malz

Ananas-Granita 196
Kokosnuss / Weiße Schokolade / Biskuit

Taleggio Ravioli 200
Grüner Pfeffer / Mandelschaum / Pfirsich

Klemmbachforelle 210
Schweinefüße / Hopfenessig / Mandelcreme

Ravioli 214
Kartoffelschaum / Grüne Erdbeeren / Hanfmutschli

Meerbrasse 218
Nudelsud / Oliven / Limetten

Lammschulter 228
Schwarzwurzeln / Hutzeln / Knollen-Ziest

Rinderwade 232
Weißkohl / Kartoffelpüree / Weißer Trüffel

Schokoladenkuchen 236
Creme / Canache / Passionsfrucht

RAUSCH INHALT

Rausch Vorwort … 11	**Porträt** Theo F. Berl … 80
Porträt Oliver Rausch … 14	**Porträt** Wurth … 94
Porträt Ringlihof … 30	**Porträt** Florian Faude … 108
Porträt Joel Siegel … 44	**Porträt** Attila Jozsef … 126
Porträt Christian Koch … 58	**Porträt** Hofgut Silva … 144

Der Frühling

Der Sommer

Thunfisch … 22
Grüner Apfel / Koriandermilch / Knäckebrot

Ziegenfrischkäse … 26
Heuasche / Rhabarber / Wildkräutersalat

Blaue Garnele … 36
Rettich / Radieschen / Knäckebrot

Kalbstafelspitz … 40
Tatar / Mango / Haselnuss-Mayonnaise

Klemmbachforelle … 50
Roher Spargel / Süße Zitronen / Raps

Rhabarber-Ferment … 54
Kokosnuss / Granita / Mandeln

Grillspargel … 62
Schweinebauch / Rhabarber / Oliven

Finger Ribs … 66
Frittierte Kartoffeln / Ananas / Bratpaprika

Stör … 72
Bambustriebe / Kokosnuss / Knoblauchpüree

Bienenstich … 76
Hefeeis / Brombeeren / Honig

Lachsforelle … 86
Wilde Gemüse / Hefeschaum / Ingwergelee

Blaue Garnele … 90
Wassermelone / Tomate / Salatgurke

Burrata di bufala … 100
Focaccia / Tomate / Vinaigrette

Erdbeeren … 104
Bauernmilch / Grüner Pfeffer / Waldmeister

Schwarzwälder Kirsch … 114
Fichtensprossen / Schokolade / Kirschsorbet

Färsenfleisch … 118
Saure Gurke / Fichtensprossen / Ginger Beer

Salatgurke … 122
Zitronencreme / Wassermelone / Kandierte Schale

Oliver Franz-Josef Rausch